Betty Sue Cummings

Der große Kampf der Toby Jane

Betty Sue Cummings wurde 1918 in Big Stone Gap, Virginia, geboren. (Im vorliegenden Roman gab sie ihrer Heimatstadt den Namen Laurel Gap.) Sie arbeitete als Lehrerin, trat mit fünfundfünfzig Jahren aus dem Schuldienst aus um sich hauptberuflich dem Schreiben zu widmen. Ihre Romane für Jugendliche wurden in den USA mehrfach ausgezeichnet.
Weitere Titel von Betty Sue Cummings bei dtv junior: siehe Seite 4

Betty Sue Cummings

Der große Kampf der Toby Jane

Aus dem Amerikanischen von Heike Brandt

Deutscher Taschenbuch Verlag

Dieser Band ist auf 100% Recyclingpapier gedruckt. Bei der Herstellung des Papiers wird keine Chlorbleiche verwendet.

Von Betty Sue Cummings sind bei dtv junior außerdem lieferbar:
Auf nach Amerika, Band 70222
Feuer über Virginia, Band 70229

Deutsche Erstausgabe
In neuer Rechtschreibung, Stand 1996
Mai 1997
Deutscher Taschenbuch Verlag GmbH & Co. KG, München

Amerikanischer Originaltitel: ›Take The Dummy Line‹

Umschlagkonzept: Balk & Brumshagen
Umschlagbild: Bernhard Förth
Gesetzt aus der Garamond 11/12,5'
Gesamtherstellung: Kösel, Kempten
Printed in Germany · ISBN 3-423-70435-7

Für Zeke und Patsy,
die mir halfen Boudicca zu finden.

Nebel wallte um den High Knob und verbarg dessen mächtige Flanken so gut, dass selbst Gott sich beim Hinabschauen gefragt haben mochte, wo Crane Creek war. Der Gipfel des Berges war von der Crane-Creek-Farm kaum zu sehen.

Der Nebel hüllte die Landschaft in ein geheimnisvolles Dunkel. Das Leben hier in den Bergen von Virginia war hart, kantig, wie aus einem groben Klotz gehauen, auch wenn im Dunst die Hänge so sanft zu fließen schienen, dass ein Fremder glauben mochte, hier wäre alles leicht und angenehm.

Ein riesiger Specht mit elfenbeinfarbenem Schnabel flog krächzend durch die Berge. Im Garten am Crane Creek standen die große, schlanke, rothaarige Toby Jane und ihr Vater. Daniel streckte seinen langen Arm aus, deutete hinauf zum Himmel.

»Schau, Toby Jane. Von diesen Vögeln gibt's nicht mehr allzu viele.«

Kaum hatte Toby Jane den Specht entdeckt, da dröhnte der Knall eines Gewehrschusses durch die Berge; der Vogel stürzte zu Boden. Toby Jane schrie auf, entsetzt, zornig.

Ihr Vater legte seinen Arm um ihre Schulter. Beklommen starrte sie in sein wütendes Gesicht.

»Gott sei meiner Seele gnädig! Da schießt jemand zum Spaß Vögel ab«, grollte er. »Zum Spaß! Hier gefällt's mir nicht mehr. Bin froh, dass wir umziehen. Du auch?«

»Ja, Sir.«

Der Vogel war irgendwo in ihrer Nähe aufgeschlagen, aber sie gingen ihn nicht suchen.

»In Laurel Gap schießt keiner harmlose Vögel ab.«

Daniel blickte hinüber zur Cumberland-Bergkette, deren mächtige Bergrücken in die blaue Ferne wogten, scheinbar ohne eine Lücke dazwischen.

»Siehst du, wie die Berge von Nordosten nach Südwesten fließen?«, fragte Daniel.

»Ja, Sir. Schön ist das.«

»Man sieht nicht bis runter in die Täler. Liegen zu tief.«

»Ja, Sir. Richtig geheimnisvoll.«

»Stimmt.«

Über die Lichtung kam ein großer Mann mit einem Gewehr auf die beiden zu, die Hand zum Gruß erhoben. Es war Will Carter, ein entfernter Cousin. Er trug einen Anzug aus selbst gesponnenem Tuch, auf dem Hinterkopf eine Fellmütze. Will Carter lebte zusammen mit seinem Vater Aaron auf dem gegenüberliegenden Bergkamm.

»Zum Gericht wird er gehen«, murmelte Daniel, »sich auf die Treppe hocken, in die Gegend spucken und den Jungs von seiner Ballerei erzählen. Und dann zu seinen Damen.«

»Zu seinen Damen?«

»O ja, zwei oder drei hat er bestimmt.«

Will blieb die Abscheu auf den Gesichtern der beiden nicht verborgen. Erst wollte er sich davonmachen, verwarf aber den Gedanken und schritt entschlossen auf sie zu.

Toby Jane schaute in Wills seltsam hübsches Gesicht. Es passte nicht zu ihm. Sie musste an den erschossenen Vogel denken und spuckte plötzlich auf den Boden.

»Aber Toby Jane!«, sagte Daniel.

»Ich spuck aus vor ihm.«

Will nickte grüßend, streckte seine Hand aus und sagte: »Tag auch, Daniel.«

Daniel beugte sich vor und schüttelte Will die Hand. Toby Jane wandte sich schweigend ab. Will brummte und trat zurück, verblüfft, getroffen.

»Da kuck einer an!«, sagte Daniel. »Bist noch 'n kleines Mädchen und weißt schon, was recht und unrecht ist!«

Aus der Ferne klangen Jodelrufe.

Will lauschte. Daniel wartete darauf, dass Will den Ruf erwiderte.

»Das ist doch dein Dad, nicht wahr, Will?«

»Jaah, das is Paw.« Wills Miene war verschlossen; er war wütend auf seinen Vater, der ihn rief, obwohl er wusste, dass Will auf dem Weg zum Gericht war.

Noch einmal hallte der Jodelruf durch die Berge.

»Was will er?«

»Komm heim, sagt er.« Will schaute wieder Toby Jane an. »Wieso schmäht sie mich?«

»Wieso hast du den Vogel getötet?«

»Brauch 'ne Feder für mein Hut. Ich hol mir, was immer ich will.«

»Aber auf meinem Land nicht, da nicht.«

»Hör mal, Daniel! Soll das heißen, alle Vögel über deinem Land sind dir? Bis zur Sonne rauf?«

Daniel schwieg einen Moment, dann sagte er: »Du hast den Vogel um 'ne Hutfeder getötet? Und – wo ist die Hutfeder?«

Will schaute zu Boden und blähte die Backen auf, als hätte er Kautabak im Mund. Und es stimmte, er hatte wirklich Kautabak im Mund.

»Is mir zu zerfleddert, der Vogel.«

»Nun, du hast den Vogel getötet und Toby Jane hat ihn fallen sehen und vor dir ausgespuckt. Sie ist eine Boudicca.«

»Was is 'ne Boudicca?«

Daniel sah plötzlich eine riesige rothaarige Frau vor sich, deren Augen so blau blitzten wie die von Toby Jane. Eine Flut von Bildern stürzte auf ihn ein. Für einen Moment wurde Boudicca zu einer lebendigen Frau.

»Boudicca?«, fragte Will noch einmal.

»Eine rothaarige Frau, die Rache genommen hat. Eine Keltin in England, vor Urzeiten. Toby Jane hat an dir Rache genommen. Sie ist eine Boudicca.«

Will lehnte sich an einen Felsen und spielte mit den Fingern an den blassen Flechten herum, riss große Flächen ab. Daniel zuckte zusammen. Welch sinnlose Zerstörung!

»Wie alt bist du, Will?«

»Sechsundzwanzig.«

»Kuck einer an! Sechsundzwanzig! Und was treibst du so?«

»Abwarten tu ich. Bis meine Schangse kommt.«

»Ach Gott, Will! Chancen kommen nicht. Die muss man sich erarbeiten.«

Toby Jane sah, wie sich Wills Miene plötzlich erhellte. Sie musterte ihn, diesen Cousin fünften Grades. Oder sechsten? Das wusste sie nicht mehr so genau, es war ihr auch egal. Sie fühlte sich mit ihm weder durch Blut noch in der Seele oder mit dem Herzen verwandt. Diese trüben braunen Augen. Und die Haut so dreckig. Der Mann hatte ein Bad nötig. In sauberem Zustand mochte er gut aussehen. Nein, er sah auch jetzt gut aus, trotz des Schmutzes.

Will starrte Toby Jane an.

»Hübsches Ding, was?«, sagte er zu Daniel, als redeten sie über Pferde.

»Ja«, antwortete Daniel kalt.

Will machte plötzlich eine Verbeugung vor Toby Jane und sang: »Tritt hervor, hier steht dein Liebster!«

Toby Jane wich zurück und hängte sich an Daniels Arm.

»Du bist so schön wie keine und ich lieb nur dich alleine«, schmetterte Will.

Außer sich vor Zorn packte Daniel seine Tochter und wandte sich zum Gehen.

Will folgte ihnen.

»Geh heim, Will.«

Will blieb stehen. Seine hochgezogene Augenbraue verriet, dass er nicht verstand, warum sie ihn so vor den Kopf stießen.

Toby Jane lief neben ihrem Vater her.

»Also, ich bin Boudicca?«

Daniel wirkte auf einmal beunruhigt. »Nein. Du bist Toby Jane Durham.«

»Ich bin Boudicca!« Sie lächelte.

»Soll ich meinem Paw was ausrichten?«, rief ihnen Will nach.

»Ja, sag ihm, wir ziehen morgen nach Laurel Gap.«

»Wieso 'n das?«

»Ist ein nettes Städtchen. Mit einer guten Schule. Und dort fährt die kleine Bahn – mit der Bimmelbahn kommste gut voran. Außerdem bin ich zum Steuereinnehmer von dem Teil des Landkreises ernannt worden.«

Will schüttelte erstaunt den Kopf. Vielleicht sollte er auch gen Westen ziehen.

»Denk dran, Toby Jane, ich hol mir, was immer ich will!« Er winkte und schnalzte mit der Zunge, als riefe er sein Pferd.

Daniel sah wütend aus, angespannt. Doch er ging ohne ein Wort zu sagen weiter. Er war ein friedlicher Mann, hatte schwer darum gerungen, es zu sein, seit er nach dem Krieg zwischen dem Norden und dem Süden sein Gewehr fortgelegt hatte.

Toby Jane erwiderte unbekümmert: »Will, dein Gesicht ist dreckig.«

Will erstarrte, tief beleidigt. »Das sagt die mir nich noch mal!«, murmelte er.

Er stieß einen lauten Jodelruf aus um seinem Vater mitzuteilen, dass er komme.

Daniel und Toby Jane schauten ihm nach.

»Ich fühl mich, als hätte mich jemand mit Dreck beworfen«, sagte Toby Jane. »Ich hab genug von diesem dummen Lied. Er hat's mir schon hundertmal vorgesungen.«

»Dann weißt du, warum mir nichts an seiner Verwandtschaft liegt«, sagte Daniel.

Will schritt heimwärts. Als Erstes wollte er ein Bad nehmen, sich von oben bis unten abschrubben. Er sang sein Lied noch einmal und Toby Jane hörte es in der Ferne verklingen.

Daniel und Mattilda Durham hatten ihre Apfelfarm und ihr Blockhaus aufgegeben und zogen, wie früher ihre Großeltern, weiter nach Südwesten durch die Täler der Appalachen.

Daniel wollte die Farm oben am Berg für ein Jahr an den ersten ehrlichen Farmer verpachten, der dafür fünfzig Dollar aufbringen konnte. Auch wenn das Grundstück nur wenige Acres Land umfasste, konnte ein Pächter gut davon leben. Denn Daniel und Mattilda hatten die Erde da oben, beinahe auf dem Kamm des Berges, fleißig mit Pferde-, Kuh- und Hühnermist gedüngt, obwohl das Land durch die regelmäßigen Überschwemmungen des Baches sowieso schon recht fruchtbar war.

Dies war das zweite Mal, dass Daniel und Mattilda gen Westen aufbrachen. An ihrem Hochzeitstag hatten sie sich nach Crane Creek aufgemacht. Wer würde nach ihnen seinen Platz dort finden und bleiben wollen?, überlegte Mattie jetzt. Und wer würde weiterziehen nach Westen, noch über Laurel Gap hinaus? Wer von denen, die in Laurel Gap blieben, würde sich gegen jedermann und jedes Gesetz wenden um sich durchzusetzen? Sie befürchtete nicht, dass Daniel eine unehrliche Tat begehen könnte, aber sie wusste, wie sich Leute verhielten, die Angst vor der Zukunft hatten.

Denn die Zeiten waren schwer in den Bergen. Die Leute im übrigen Teil des Landes hatten keine Ahnung, was es bedeutete arm zu sein. In Laurel Gap waren die Bedingungen besser. Kohle, Eisenerz und Holz würden das Städtchen bald reich machen, vielleicht würde es sogar Birmingham die Eisenerzverhüttung abnehmen. Laurel Gap. Ihre neue Heimat.

»Natürlich könnte Laurel Gap auch Pleite gehen«, hatte Daniel gelegentlich vor sich hingemurmelt.

Sofort hatte ihm ein Chor von Stimmen widersprochen: »O nein, Papa!«

Und Mattie hatte ihre eigenen Bedenken beiseite gewischt und behauptet: »Wir schaffen es.«

Neil Morris – Daniels Nordstaatenfeind im Krieg, aber inzwischen sein bester Freund – war mit seinem Wagen aus dem Tal gekommen um ihnen beim Umzug zu helfen. Nun rumpelten und ruckelten die beiden Fuhrwerke über die steinige, furchige Straße. Neils Wagen, bis oben hin mit Möbeln beladen, fuhr vorneweg.

Der hoch aufgeschossene Joshua, Daniels und Matties einziger Sohn, der seine Braut zu Hause in Cincinnati allein gelassen hatte um seiner Familie beim Umzug zu helfen, fuhr bei Neil mit. Daniel und Mattie saßen auf dem Bock des zweiten Wagens.

Josh wandte sich um und rief den anderen zu: »Wenn irgendwas schief geht und der Wagen abstürzt, spring ich aber vorher runter.«

Daniel grinste und flüsterte Mattilda zu: »Da kenn ich Joshua besser! Wenn wir einen Unfall haben, dann wird er doch nicht zukucken, wie unser Tisch, unsere Stühle und unser Bett den Abhang runterkullern.«

»Und unser Schreibtisch!«, ergänzte Mattie. »Wer sonst von den Leuten hier hat schon einen Schreibtisch?«

»Und unsere Pferde!«

»Ach ja, und unsere Töchter!«, sagte Mattie. »Die drei Schönsten im ganzen Landkreis!«

Sie wandte sich zu ihren Töchtern um und zog eine Grimasse, als habe sie das nur im Spaß gesagt. Doch die drei wussten, sie meinte es ernst.

Die Mädchen saßen auf den Federbetten, die auf der Ladefläche ausgebreitet waren. Liza, groß gewachsen, verantwortungsbewusst, hielt den Hefetopf zwischen den Händen. Morgen würden sie frisches Brot haben. Juliet, tief in ihre Lektüre versunken, klemmte das Butterfass mit ihren Füßen fest. Und das Küken Toby Jane lauschte träumend der Fahrmusik – Wagenquietschen, Hufeklappern, Kuhglockenläuten.

»Aber Katie fehlt«, sagte Toby Jane plötzlich.

Ihre Schwestern nickten ernst. Katie war seit zwei Jahren tot, aber in ihrer Erinnerung lebte sie weiter. Im Morgengrauen hatte sich die Mutter über Katies Grab zwischen den Apfelbäumen gebeugt und die Erde gestreichelt, als ließe sie ihr ältestes Kind erst jetzt gehen. Katies Tochter Dorothy lebte bei ihrem Vater und ihrer Stiefmutter in Oklahoma.

»Und Dorothy«, fügte Liza hinzu. Wieder nickten die anderen zustimmend.

Die Wagen rumpelten die schmale, kurvige Straße hinab.

Auf einem Felsen hoch über ihnen saß Will Carter, doch niemand schaute zu ihm hinauf.

Er blickte den Durhams nach, wartete, bis sie vollkommen außer Sicht waren und er ihre Farm durchstöbern, sich alles genau ankucken konnte. Hach, damit konnte er sich eine volle Woche lang vergnügen!

Den ganzen Tag stromerte er auf der Apfelfarm herum. Ständig musste er daran denken, wie Toby Jane ihm die kalte Schulter gezeigt hatte. Noch immer bohrte die Beleidigung in seinem Kopf herum, dass es schmerzte. Irgendwann dieser Tage, und zwar in nicht allzu weiter Ferne, würde er dieses Mädchen heiraten, selbst wenn er dafür arbeiten gehen müsste. Sie würde lernen müssen den Kopf zu beugen und anständig mit ihm zu sprechen.

Just an dem Tag fand er die Kohle. Kostbar wie Goldstaub lag sie offen auf dem Land der Durhams, wo sie ohne weiteres abgebaut werden konnte.

»Ich bin reich!«, sagte er laut zu sich.

Was für ein Trottel der alte Daniel doch war! Geschah ihm recht, wenn er nichts abbekam. Die Kohle lugte am Rande einer Wasserrinne hervor, dürftig verdeckt von angeschwemmtem Modder. Wills stochernder Stock war fündig geworden.

»Mein Gott, das kann man ja mit einer Kartoffelhacke ausbuddeln!«

Er kratzte mit dem Stock um zu sehen, wie die Kohle verlief. Sie lag prächtig. Gute, schwarze, fette Kohle, jede Menge davon. Mit dem Fuß schob Will Blätter und Zweige über die Stelle.

Was konnte ein Mann mit solchem Wissen anfangen?

Abwarten, dachte Will. *Braucht keiner was von wissen.*

»Mein Gott, ich bin reich!«, sagte er noch einmal. »Ich brauch bloß 'n bisschen Geld um die Farm zu kaufen.«

Sofort machte er sich daran, das nötige Geld zu verdienen. Durchkämmte das Grundstück der Durhams, lud seine Beute – den Kopf einer Axt, ein Wagenrad, frühe Äpfel, eine Leiter, die am Haus hing – auf eine verwitterte Plane, die er hinter sich herzog und dann bei sich in der Nähe versteckte. Er würde stehlen und tauschen und mit Aufpreis weiterverkaufen.

Will hatte einen wilden Ausdruck in den Augen, als er – mit sechsundzwanzig Jahren – sein Lebenswerk begann: Stehlen, Tauschen, Verkaufen. Da war er in seinem Element.

Wenn er über Recht oder Unrecht seines Handelns nachgedacht hätte, hätte er schlichtweg gesagt: »Passt schon.« Seine vor zwanzig Jahren verstorbene Mutter hatte ihm beigebracht, er könne haben, was immer er wollte. Seine ältere Schwester hatte sich nicht um ihn kümmern können, denn sie hatte einen Mann geheiratet, der ständig umherzog. Wills Daddy Aaron hatte nie gewusst, wie er mit diesem unersättlichen Knaben fertig werden sollte, der gewöhnt war jeden Wunsch erfüllt zu bekommen.

Nachdem Will einen Tag lang herumgestöbert hatte, ging er nach Hause und wusch sich mit brauner Seife, bis seine Haut rosa strahlte.

Aaron starrte ihn verblüfft an.

»Hast dir wohl 'n Mädchen angelacht?«

Will bemühte sich zu lächeln. Es würde seinem Daddy die Sprache verschlagen, wenn er von den drei willigen Frauen oben beim Gericht wüsste.

»Kann man wohl sagen.«

Nach dem Bad hielt er sich seinen Arm vor die Nase, schnupperte daran und grinste.

Später gab er Aaron den Axtkopf.

»Mach mir ’n Schaft für, ich verkauf sie und du kriegst die Hälfte ab.«

»Oha! Gute Axt! Wo haste die her?«

»Auf der Straße gefunden. Oh, und da sind ’n paar Äpfel, die kannste zum Frühstück braten.«

Aaron betrachtete die Äpfel.

»Die … die sind doch von Daniels Farm?«

»Ja. Er hat gesagt, ich soll mich bedienen, und ich war so frei.«

»Sie sind also fort.« Traurig sackte Aaron in seinem Stuhl zusammen.

Sein Sohn beachtete ihn nicht. Ein großer Tag lag vor ihm. Will wollte die Lager der Bergarbeiter und der Landvermesser durchkämmen, jeden Ort und jede Hütte in der näheren Umgebung absuchen. Alles, was nicht niet- und nagelfest war, würde er mitnehmen, verkaufen oder tauschen, und was er nicht los wurde, auf seiner Plane zur Klippe zerren und hinunterwerfen.

Wenn er Toby Jane das nächste Mal sah, würde er sauber sein. Und Geld in der Tasche haben.

Auf ihrem Weg nach Südwesten dachten die Durhams kaum an Will Carter. Nur manchmal fiel ihnen ein, wie froh sie waren ihn los zu sein.

»Oh, wie ich diesen Wald mag«, sagte Toby Jane.

Sie querten einen Bergkamm und blieben stehen. Von dort hatten sie einen atemberaubenden Ausblick auf ein großartiges, einladendes Tal, in dem es schon warm und grün war.

»Das ist Stone Mountain«, sagte Daniel und deutete zu seiner Rechten. »Unser Land liegt auf seiner Flanke. Er zieht sich meilenweit hin, geht über in die Cumberland-Kette, die bis Alabama reicht. Ein großer Berg, aber dieser Berg hier, Powell Mountain, der ist noch gewaltiger.« Er stampfte mit dem Fuß auf den Boden, als wollte er ihn für sich beanspruchen.

»Und dort drüben ist unser Haus. Dahinter liegt der Rising Spring, ein kleiner Bach, der am Berg entspringt.«

»Wo?«, fragte Toby Jane.

»Kann man nicht sehen von hier.«

Sie fuhren bergab. Eine Hütte tauchte auf und verschwand wieder, je nach Verlauf der Serpentinen, bis schließlich die große Familie Otis vor ihnen stand. Die Durhams wechselten ein paar Worte mit ihnen und fuhren weiter. Keine Zeit zum Verweilen.

Die Otis-Kinder, die sich längs des Zaunes aufgestellt hatten, winkten ihnen nach.

»Wie öde es hier ist für die Frau und die Kinder«, seufzte Mattie.

Schließlich erreichten sie den Hochofen. Drum herum gab es jede Menge Häuser. Der Hochofen selbst bestand aus einer Ansammlung geduckter, schwarzer Gebäude. Rauch quoll aus dem hohen Schornstein. Weiter ging es.

Sie passierten Neils schönes, großes weißes Haus mit den leuchtend grünen Fensterläden. Neils Tochter Rhodie war nicht zu sehen.

»Vielleicht habt ihr ja Glück in Laurel Gap und werdet so reich wie Neil!«, rief Joshua.

Alle lachten. Aber es stimmte, Neil ging es gut.

In der Stadt sagte Daniel: »Denkt dran, dass ihr mit dem neuen Steuereinnehmer unterwegs seid. Benehmt euch entsprechend.«

Plötzlich ertönte ein schrilles Pfeifen, die Pferde schnaubten nervös und drohten auszubrechen.

»Hooh! Langsam, meine Herren«, beruhigte sie Daniel. »Das ist die Bimmelbahn, Kinder.«

»Ohh!« Freudige Aufregung bei allen.

»Wo fährt sie lang?«, fragte Liza.

»Verbindet die L & N-Bahn im Westen mit der Southern-Linie im Osten. Die Bimmelbahn wird viel Geld einfahren! Sie kommt direkt an unserm Haus vorbei, wir brauchen bloß zu winken, dann hält sie an und wir können einsteigen.«

Der kräftige kleine Zug fuhr vor ihnen um die Ecke und dann über die Brücke, wo die Lokomotive in einem Wendeschuppen verschwand. Sie warteten, bis die Bahn sich gedreht hatte und gen Westen ratterte.

»Jetzt fährt sie zum L & N-Bahnhof!«, rief Joshua.

Die Bimmelbahn ließ noch einmal die Dampfpfeife schrillen.

»Die Bahn gefällt mir!«, sagte Juliet.

»Papa, ich will mit der Bahn fahren!«, sagte Toby Jane.

»Heute nicht, Liebes«, sagte Daniel. »Zuerst das neue Haus, dann der Zug.«

Die beiden Pferdewagen rollten die Straße hinab, die parallel zu den Gleisen der Bimmelbahn verlief.

»Da ist unser Haus!«

Das lang gestreckte Haus sah genauso aus, wie Daniel Durham es beschrieben hatte. Es stand mit dem Rücken zum Fluss, war aus rohen Balken gezimmert, nicht gerade elegant, dafür solide. Vor beiden Stockwerken erstreckte sich je eine Veranda über die ganze Länge des Hauses. Das schräge Dach wurde von acht Pfosten getragen. Es gab zwei kräftige, gemauerte Schornsteine, einen am westlichen Ende und einen in der Mitte des Hauses. Vor dem Haus war Platz für Obstbäume und einen Garten.

»Wunderschön«, sagte Mattie. »Besser, als ich dachte. Lauft schon zu, Mädchen, wartet nicht auf mich.«

Sie lachte, als ihre Töchter leichtfüßig vom Wagen hüpften und losrannten.

Toby Jane verlangsamte ihre Schritte und drehte sich um. »Ist genauso schön wie unser altes Haus«, sagte sie, »und endlich bin ich diesen Will Carter los, diesen Mistkerl.«

Ihre Mutter warf ihr einen kritischen Blick zu. »Zügle deine Zunge, mein Fräulein!«

»Mama, seit ich vier Jahre alt bin, singt er mir dieses dumme Lied vor, jedes Mal, wenn ich ihn seh.«

Ihr Vater nickte grimmig.

»Ach, der macht bloß Spaß«, sagte Mattie, »das meint der nicht so!«

Toby Jane schüttelte energisch ihren Kopf, ihr langes rotes Haar flog von einer Seite zur anderen.

»Das meint der wohl, Mama. Und ich bin froh, dass ich ihn los bin.«

Sie griff, was sie tragen konnte, und lief ins Haus.

Am nächsten Morgen nach dem Frühstück gingen Daniel und Joshua aus dem Haus. Es hätte nicht viel gefehlt und sie wären gerannt.

»Wo willst du hin, Papa?«, rief Toby Jane hinterher.

»Auf den Berg. Josh und ich wollen die Grenze von unserm Land abstecken, mit Robinienpflöcken!«

»Ich komm mit und helf euch«, bot sie an.

Papa zögerte, blickte sich um.

»Nein, das tust du nicht, Liebes«, sagte Mama. »Du wirst hier gebraucht. Lass den Männern ein bisschen Zeit für sich. Joshua fährt morgen nach Cincinnati zurück.«

Toby Jane seufzte und winkte ihrem Vater nach. Er nickte ihr zu: »Nächstes Mal. Abgemacht?«

»Is gut, Papa.« Aber es war gar nicht gut. Papa und Josh stiegen den Hügel hinauf, vollkommen frei und ungebunden. Sie würden allerhand Neues zu sehen bekommen.

Und was tat sie derweil? Denselben langweiligen Kram, den Frauen immer zu tun hatten – Geschirr spülen, bügeln, fegen.

Zwei Wochen später ritt Will von Crane Creek hinunter nach Laurel Gap. Der ständige Nebel in den Bergen ging ihm auf die Nerven und er sehnte sich danach, Toby Jane zu sehen. Er hatte sich beinahe wund geschrubbt und trug ein neues Hemd und elegante Hosen, die er in einem Laden fertig gekauft hatte.

»Steig bei Daniel und Mattie ab«, hatte Aaron ihn gedrängt.

»Mach ich«, versprach Will, als hätte er das nicht längst vorgehabt.

Bestimmt würde dort die Sonne scheinen, wenn sie überhaupt irgendwo schien, dann dort. Für Will war das Haus der Durhams das Herz von Laurel Gap, denn da fand er die rothaarige Toby Jane mit ihren blauen Augen, deren Blick ihn wie ein Faustschlag in den Magen treffen konnte.

Das neue Haus der Durhams, dort oben an der Flussböschung, gefiel Will. Die Durhams wohnten erst zwei Wochen dort, doch schon war alles besser in Schuss, als Will und Aaron das bei sich zu Hause jemals fertig bekämen. Es sei denn, Aaron heiratete Lois Wilkens; jedenfalls machte der alte Depp ihr den Hof, als wäre er noch ein junger Spund.

Daniel stand am Schuppen und fertigte eine Hacke. Das konnte er wirklich gut. Er war ein geborener Farmer, hatte ein Händchen für Werkzeuge, und Kälber gediehen bei ihm bestens.

Daniel und Will reichten sich die Hand.

»Meine Güte, ihr habt ja schon ’n Garten angelegt!«, sagte Will.

»Ja. Alle haben mitgeholfen.«

Aber Daniel machte einen verdrießlichen und müden Eindruck.

Kein Wunder, dass er fertig is, dachte Will. *Mit über sechzig noch mal von vorne anfangen.* Will betrachtete die Beete.

»Wieso wächst bei euch alles immer so gut?«, fragte er. Er wollte es wirklich wissen, denn Gemüse bedeutete Geld und Geld war rar.

Plötzlich huschte vages Sonnenlicht über die Erde und brachte Daniel zum Lächeln, so dass sein abgebrochener Zahn zu sehen war und seine blauen Augen blitzten. »Die Pflanzen wollen Knochenmehl und Dung und ein Versprechen«, sagte er.

Aha, ein Versprechen. Also gibt's wirklich ein Geheimnis.

»Was für 'n Versprechen?«

»Sich regelmäßig kümmern. Unkraut hacken. Bewässern, wenn's nicht regnet.«

Will fühlte sich betrogen. Das wusste doch jeder.

Ein Kalb brüllte und Will wandte den Blick von Daniels lächelndem Gesicht. Ein kleines braunes Kalb lief seiner Mutter hinterher, die zielstrebig die Straße am Fluss entlangmarschierte. Ihr schwerer Euter schwankte hin und her.

»Deine Kuh?«

»Ja. Hab sie grad gekauft. Wir wollen Milch und Hüttenkäse verkaufen.«

Will überlegte. *Ich kauf das Kalb billig, behalt es ein paar Wochen, verkauf es für 'nen guten Preis, kauf mir zwei Kälber.*

»Wie viel willste fürs Kalb?«

Daniel überlegte.

»Oh, sagen wir zweieinviertel Dollar. Die Mutter ist 'ne gute Milchkuh.«

Will befühlte die beiden Vierteldollar in seiner Tasche. »Ich geb dir eineinhalb Dollar, das isses mir wert.«

Daniel lächelte: »Bar?«

»So gut wie.« Will kramte eine Anweisung von Lovel und Company über achtzig Cents heraus und einen der beiden Vierteldollar und streckte beides Daniel entgegen.

Daniel schüttelte den Kopf. »Nein. Es fehlen fünfundvierzig Cents. Eineinhalb ist 'n Freundschaftspreis, aber nur in bar.«

»Das is so gut wie Bargeld«, wiederholte Will. »Ich krieg Arbeit, in der Kokerei. Den Rest zahl ich dir in 'ner Woche.«

»In der Kokerei!«, wunderte sich Daniel. »Stellen die denn Leute ein?«

»'türlich, Daniel, die stellen immer ein.«

»Heute in einer Woche fünfundvierzig Cents bar auf die Hand?«

»Jawoll!«

»Also gut. Und wenn ich's in einer Woche nicht von dir krieg, zahlst du mir pro Woche zehn Prozent Zinsen auf das, was du mir schuldest?«

»Sicher. Aber das werd ich nich müssen.«

Sie gaben sich die Hand drauf und gingen ins Haus. Will benahm sich, wie es sich gehörte. Gestattete sich nicht Toby Janes unverblümten

Blick zu erwidern. Er sah wirklich gut aus, er wusste das auch. Was für ein Mädchen! Schon als sie ganz klein war, hatte er bei ihrem Anblick einen regelrechten Stich verspürt. Inzwischen war der Schmerz heftiger.

Will wollte über Nacht bleiben. Am Abend aß er, bis es ihm peinlich wurde, und er machte Mattie und den Mädchen Komplimente dafür, wie schön sie den Tisch gedeckt hätten.

Doch dann beging er einen Fehler. Er sagte: »Toby Jane, sieh zu, dass du bald erwachsen wirst. Ich werd dich heiraten die Tage.« Er lachte, dann verstummte er. Mattie schien schockiert und niemand lächelte; alle taten so, als hätten sie nichts gehört.

Am nächsten Morgen legte sich Will das Kalb quer über den Sattel und machte sich auf den Weg nach Hause. Er fürchtete, das Kalb würde nie aufhören zu schreien und das Muhen der Kuh würde ihm ewig in den Ohren klingen.

Die Tage vergingen und Will hatte immer noch keine Arbeit. Er ging zur Kokerei, wo ihm die Hitze und der Qualm schier den Atem raubten. Hier zu arbeiten musste die Hölle sein.

Der Vorarbeiter lachte, als Will nach Luft schnappte, und sagte grob: »Für jede freie Stelle hab ich drei Leute!«

Als Will sich nicht vom Fleck rührte, sagte der Mann: »Zieh Leine, Kumpel.«

Mit lauter Stimme erwiderte ihm Will: »Ich

wünsch dir Pech an Hals! Und Warzen im Gesicht, so groß wie deine Nase. Mein Gott, du hast bestimmt die dickste Nase der Welt!«

Der Mann zuckte nicht mal mit den Achseln.

Will machte sich auf den Heimweg. *Ich verkauf was von dem Plunder, wo ich gesammelt hab,* dachte er. *Und ich verkauf das Kalb mit Gewinn.*

Aber niemand hatte Geld.

Kurz darauf brachte Daniel Steuergelder zum Gericht und von dort ging er direkt zu Aaron und Will.

In Gegenwart von Aaron sagte Daniel: »Ich komm um mein Geld, Will.«

Betroffen starrte Aaron Daniel an, dann blickte er wütend zu Will hinüber.

Will beugte den Kopf. »Ich bin pleite, Daniel. Hat einfach noch nichts geklappt.«

Der Blick aus Daniels hellen Augen traf ihn so heftig wie der von Toby Jane.

Zwei Tage später schickte Will Daniel dreißig Cents.

»Mehr war das Kalb nicht wert«, schrieb er. »War ein schlechter Handel.«

Am selben Tag verkaufte er das Kalb für fünf Dollar. Er pfiff sich eins. Und Daniel kam erneut, ernst und besonnen wie ein Richter.

Als Will seine Arme vor der Brust verschränkte, sagte Daniel: »Siehst aus wie ’ne Gottesanbeterin.«

Will hatte sich noch nie für Insekten interessiert, Insekten waren etwas, worauf man trat, weiter nichts. »Was soll ’n das sein?«

»Ein großes Insekt.« Daniel reckte sich, streckte den Kopf vor und faltete die Hände wie im Gebet.

»Gottesanbeterin«, sagte Will erfreut. »'türlich, hab ich schon gesehen.«

Daniel fuhr fort: »Wenn sie mit Beten fertig ist, dann schnappt sie sich ein Insekt und saugt es bis zum letzten Tropfen aus.« Er hielt inne. »Bei dir komm ich mir immer wie so 'n kleines Viech vor.«

Schließlich streckte Daniel seine Hand aus: »Ich will meine fünfzehn Cents, Will, plus vierzehn Cents Zinsen, bei zehn Prozent pro Woche, wie abgemacht.«

»Meine Güte, Daniel, so viel kostet's dich ja hier raufzukommen!«, sagte Will erstaunt.

»Das stimmt«, sagte Daniel.

Aarons Gesicht war feuerrot. »Gib ihm das verdammte Geld«, brüllte er.

Und Will tat es. Am Ende war er auf beide wütend, auf Daniel und auf Aaron.

Er fühlte sich so durch die Mangel gedreht, dass er hinaus zu Crane's Nest stapfte und einen großen Kranich schoss. Die Schreie der anderen Kraniche und ihr aufgeregtes Kreisen brachten ihn dermaßen in Rage, dass er noch zwei der großen Vögel erlegen musste, bis er endlich zur Ruhe kam.

Toby Jane wollte von Juliet wissen, was sie von dem Streit zwischen Papa und Will um Wills Schulden hielt.

»Auf wessen Seite bist du?«

»Auf Wills«, sagte Juliet. »Immerhin ist er ja so was wie ein Cousin von uns. Papa hat nichts Schriftliches und es ging um nicht besonders viel Geld. Und du, für wen bist du?«

Toby Jane konnte Will besser hassen, wenn sie ihn nicht sah, denn sein bildschönes Gesicht brachte sie durcheinander.

Ohne zu zögern antwortete sie: »Für Papa. Sie waren sich einig. Dann hat Will versucht sich ums Bezahlen zu drücken. Verwandtschaft hin oder her. Bei uns würde Papa so was nicht durchgehen lassen, oder?«

»Auf keinen Fall.«

»Will hat einfach nicht bezahlt. Das bedeutet, dass du dir keine neuen Überschuhe kaufen kannst. Du wärst als Nächste dran gewesen.«

Toby Jane musste lachen, weil Juliets Miene sich plötzlich verfinsterte.

»Hast Recht. Ich bin auch für Papa.«

Dies war die erste Debatte über Gerechtigkeit, die Toby Jane führte, und sie hatte sich durchgesetzt, denn Gerechtigkeit war für sie nicht irgendeine abstrakte Idee, sondern etwas genauso Handfestes wie ein Butterfass.

An einem schönen, warmen Tag pflückten Toby Jane und Papa Brombeeren auf der Wiese jenseits der Bimmelbahngleise. Sie hörte ihm zu, wie er von seinen Träumen erzählte und von seinem Fernweh.

Die Southern-Eisenbahnlinie reichte inzwischen bis zum Indianerterritorium in Oklahoma, bis nach Arkansas, Kansas, Kalifornien, Oregon, Washington, bis zu allen Knotenpunkten im Westen. Papa sehnte sich danach, weiterzuziehen, und manchmal wurde sein Fernweh so groß, dass er vollkommen verstummte.

Andere waren bereits aufgebrochen, Toby Jane hatte sie mit der Bimmelbahn zum Bahnhof begleitet.

»Mama sagt, die kommen alle zurück.«

Aber Papa meinte nur: »Glaub ich nicht.« Brummend fügte er hinzu: »Das Herumziehen liegt uns im Blut.«

»Aber wir sind doch gerade erst umgezogen, Papa.«

»Vergiss es. Los Tanos ist ein anderes Land. Dort ist die Luft so leicht und klar, dass du ein Haus in zwanzig Meilen Entfernung erkennen kannst. Hast du nicht Lust das zu sehen?«

»Nein, Sir. Und ich versteh nicht, warum du das willst.«

»Ich sag doch, das liegt unsereinem im Blut! Unsere Vorfahren sind von Schottland nach Ulster gegangen. Dann nach Amerika. Dann hierher. Sind immer weiter gezogen, immer weiter. So sind wir eben.«

»Wer wir?«

»Na, die Schottisch-Irischen, mein Kind. Die hellhäutigen Fahrenden. Fast alle Leute in Laurel Gap. Das sind wir.«

Zum ersten Mal begriff Toby Jane, dass die Schottisch-Irischen wirkliche Menschen waren, nicht bloß irgendwelche vagen Figuren aus einem Geschichtsbuch.

Schließlich verfiel Papa wieder in Schweigen.

»Papa, darf ich auf Bill zum L & N-Bahnhof reiten?«

»Alleine?«

»Ja, Sir.«

»Nein, Ma'am. Er ist zu wild. Könnte dich abwerfen, auf die Steine.«

Dicht neben ihnen begannen die Sattelschrecken so laut zu sirren, dass Toby Jane zusammenzuckte und sich einen Brombeerstachel in den Daumen jagte.

»Ich hätte Lust auf ein Abenteuer!«, stellte Papa fest.

»Wir könnten Mama einen Haufen Fische fangen.«

»Und den ganzen Tag lang Fische ausnehmen? Nein danke. Ich hab was Besseres vor. Ich steig mit dir auf den Stone Mountain. Da gibt's ein Geheimnis, das ich dir zeigen will!«

Toby Jane wollte sofort aufbrechen.

»Komm, bringen wir schnell die Brombeeren heim«, sagte sie.

»Nein. Für heute ist es zu spät. Wir müssen ganz früh aufbrechen.«

»Morgen früh?«

»Jap.«

Im Morgengrauen des nächsten Tages schlüpfte Toby Jane in ein paar umgenähte Latzhosen von

Joshua, auch wenn Mama und Juliet noch so sehr die Augen verdrehten.

»Wird das Mädchen dich nicht aufhalten?«, fragte Mama.

Papa und Toby Jane warfen einander einen amüsierten Blick zu.

»Nein, das schafft sie prima.«

An Mamas Gesicht sah Toby Jane, dass ihre Mutter sich nur um ihre Sicherheit sorgte und nicht wirklich befürchtete, sie würde ihrem Vater zur Last fallen.

»Ich zeig ihr unsere Grundstücksgrenze oben am Berg.«

»Unsere Grenze! Du kennst sie, Joshua kennt sie, jetzt zeigst du sie unserm Küken. Und ich hab sie immer noch nicht gesehen!«

»Lass alles stehen und liegen und komm mit!«, schlug Papa vor.

»Nein, nein. Ein andermal.«

»Überleg es dir. Das Leben vergeht im Sauseschritt.«

Mama lachte plötzlich. »O Daniel. Wenn ich mitwollte, dann tät ich's. Aber ich will mich ein bisschen ans Weben setzen, sobald ich mit dem Einmachen fertig bin, wenn du's genau wissen willst.«

Toby Jane und ihr Vater gingen aus dem Haus und liefen am Fluss entlang.

»Am Grenzstein fangen wir an«, sagte Papa.

Heute war alles anders als sonst. Papa hatte nicht ein einziges Wort über Kräutersammeln oder Beerenpflücken verloren. Toby Jane hatte das Gefühl, sie würden einfach zum Vergnügen auf den Berg steigen.

Sie fanden den Grenzstein mitten im Flussbett. Es war gut zu wissen, dass er dort stand. Obendrauf war in den Zement ein »D« für Durham eingeritzt worden – wie ein Namenszeichen an einem Schlosstor.

»Stell dich auf den Stein und kuck auf die Mitte der Bimmelbahnbrücke«, sagte Papa. »Hast du sie? Von dir bis zur Brücke ist eine gerade Linie. Behalte diese Linie im Kopf und dreh dich mit dem Gesicht zum Berg. Gut. Zeig mit der rechten Hand zur Brücke und mit der linken zum Berg. Wenn du's richtig machst, bilden deine beiden Arme einen rechten Winkel. Siehst du das?«

»Ja, Sir.«

»Damit hast du den Verlauf unserer Grundstücksgrenze über den Berg.«

»Oh!« Toby Jane war froh, dass sie nun wusste, wie sie die Grenze ihres Grundstücks bestimmen konnte. »Ich werd mit Juliet durch den Fluss waten, damit sie das auch sieht.«

Papa lachte. »Da könnte ihr Buch ins Wasser fallen.«

Juliet ging nirgendwohin ohne ein Buch mitzunehmen.

»War das das Geheimnis?«

»Nein. Wir steigen an der Markierung entlang auf den Berg und drüber und wieder zurück. Schaffst du das?«

Sie runzelte die Stirn. Was für eine Frage! »Ja, Sir.«

»Also gut.« Ihr Vater öffnete seinen Lederbeutel und holte eine Flasche heraus. »Mattie hat mir Farbe mitgegeben. So kann ich jeden Pflock markieren, den Josh und ich eingeschlagen haben. Gehn wir.«

Toby Jane lachte. »Ich kann mir gar nicht vorstellen, dass Mama dir eine ganze Flasche von ihrer kostbaren Farbe gegeben hat.«

»Hat sie aber. Das Grün ist ihr zu gallig, hat sie gesagt. Und außerdem so kräftig, dass man mit einer Flasche den ganzen Staat Virginia einfärben könnte.«

Beide mussten lachen.

»Aber für die Pflöcke brauch ich bloß ein paar Tropfen. Mit dem Rest hab ich noch was anderes vor.«

Topinambure standen neben blauen Zichorien. Toby Jane wollte sie nicht zertreten und machte einen Bogen um sie.

Sie arbeiteten sich im Schatten der gewaltigen Bäume bergauf. Nicht einmal Papa kannte alle ihre Namen. Er behauptete, dass es in diesen Bergen mehr Arten von Bäumen, Büschen, Blumen, Gräsern und wer weiß was noch gäbe als irgendwo sonst auf der Welt.

Und Papa trägt fast alle Namen mit sich im Kopf herum, dachte sie. *Mal sehen.*

»Wie heißt der hier, dieser kleine Baum?«

»Himmel, den kennst du doch, Liebes. Jedes

Mal, wenn ich einen neuen Stiel für die Hacke schneide, benutz ich dieses Holz.«

»Esche!«

»Ja. Schau dir den Baum genau an, dann erkennst du ihn beim nächsten Mal. Vielleicht willst du dir einen Baseballschläger machen, Hosen hast du ja schon an!«

Sie blickte kurz auf und sah, dass er zwinkerte. Dann prägte sie sich das Bild der Esche ein. Noch einmal würde sie nicht zu fragen brauchen.

Schwitzend erklommen sie den Berg. Papa strich Farbe auf die Pflöcke. Toby Jane fand ein paar riesige süße Brombeeren und teilte sie mit ihm.

Sie rasteten und schauten hinab zum Powell, der zunächst durch die Schlucht strömte und dann an ihrem Haus vorbei. »Wir haben das Ende unseres Grundstücks noch nicht erreicht«, sagte Papa.

Toby Jane dachte über die Größe ihres Besitzes nach. »Sind wir reich, Papa?«

Er lachte. »Nein! Was kann man mit diesem Stück Erde schon anfangen, außer Freude dran haben? Kannst keine Kartoffeln drauf pflanzen. Wir haben bloß fünf Acres und diesen Wald hier. Und noch nicht mal alles bezahlt, vergiss das nicht.«

Sie schaute sich um, genoss den Ausblick. »Schön hier.«

»Ja. Und so wird's auch bleiben. Auf dieser Seite des Berges gibt es keine Kohle. Vor einer Million Jahren, als die Erdkruste noch wie Wasser wogte, hat sich diese Landmasse hier hochgeschoben und ist nach Nordwesten gekippt. Auch die Oberfläche hat sich Richtung Nordwesten gekräuselt.«

Er streckte den Arm aus.

»Siehst du Wallen's Ridge dort gegenüber?«

»Ja, Sir.«

»Du wirst es mir nicht glauben wollen. Aber das ist eine lange, lange, riesige alte Woge.«

Papa starrte hinüber zu Wallen's Ridge, ein bewundernder Ausdruck lag in seinem Gesicht. Er meinte, was er sagte. Für ihn war der Berg eine Welle.

Ihr verschlug es einen Augenblick die Sprache. Der Gedanke schien so abwegig. »Ja, aber wo lief sie hin?«

Er blickte zu Toby Jane hinunter. »Hierher, hier herüber.«

»Ach was, Papa!«

»Doch. Aber sie wurde von der nächsten Woge aufgehalten.«

»Und wo soll die sein?«

»Wir sitzen direkt oben auf ihrem Kamm.«

»Stone Mountain?« Die Vorstellung nahm ihr den Atem, sie hatte das Gefühl, als könnte sie jeden Moment mit einer riesigen Welle gen Nordwesten geschleudert werden. Sie spürte die Mächtigkeit und das Wogen dieser Berge wie nie zuvor.

»Ist das wahr, Papa?«

»Es ist eine Theorie. Ich kann's nicht beschwören, schließlich war ich nicht dabei.«

»Und wer hat dir das erzählt?«

»Neil Morris.«

Dann stimmte es. Neil Morris würde eher sterben, bevor er log.

»Wieso gibt's auf dieser Seite keine Kohle? Du bist vom Thema abgekommen.«

»Weil die Welle, auf der wir stehen, nicht umgeschlagen ist, sondern senkrecht geblieben ist.« Er reckte seine Hand hoch und sie verstand. »Die Kohle wurde auf der anderen Seite freigelegt. Und wird noch eine ganze Weile abgebaut werden. Also wird die andere Bergseite schwarz von Kohle und Grus und unsere Seite bleibt grün.« Seine Hand folgte der Länge des Tales, es sah aus wie eine langsame Ehrenbezeugung.

»Werden die Besitzer der Kohle reich?«

»Einige sind's schon. Aber die meisten bleiben arm, wie wir.«

»Papa, wir sind doch nicht arm! Bestimmt nicht.«

Sein Lächeln sagte ihr, dass sie doch arm waren.

»Aber schau doch mal hinunter, wo wir wohnen. Was ist dir lieber, Schönheit oder Reichtum?«

»Bin ich mir nicht sicher.«

»Ich zieh die Schönheit vor, jederzeit.«

Sie hatte noch nie darüber nachgedacht, dass Schönheit einen Wert haben könnte wie Geld oder Schmuck. Auf einmal sah sie ihr Tal mit anderen Augen und da liebte sie es.

»Und das war das Geheimnis? Dass diese großen, alten Berge Wellen sind?«

»Nein, nein. Das ist kein Geheimnis. Da sind wir noch nicht.«

»Dann lass uns aufbrechen.«

Papa erhob sich langsam. »Wir gehen hier hinunter, waten durch den Bach, dann steigen wir auf eine kleine Anhöhe und schließlich eine kleine Klamm hinab zum Fluss. Dort ist unser Land zu Ende, noch vor der Kohleseite. Wir kucken uns das Geheimnis an, ruhen uns ein bisschen aus und dann müssen wir flott zurück, so schnell, wie wir können.«

Toby Jane würde das schaffen: Sie konnte so weit gehen, auch rennen, wenn es sein musste. Aber Papa?

»Warum müssen wir uns so beeilen?«

»Das gehört zum Geheimnis.«

Als sie die kleine Klamm erreichten, flitzten sie von wildem Eifer getrieben hinab. Papa sauste wie ein Junge.

Und schon waren sie unten, direkt am Ufer des Flusses. Merkwürdigerweise schien der Fluss hier in die falsche Richtung zu fließen – Toby Jane wusste doch, dass er talwärts lief und dann hinter ihrem Haus vorbei. Derselbe Fluss.

Papa fing an Stöcke aufzusammeln, sie zu zerbrechen und in die Taschen seiner Latzhosen zu stecken.

»Wir müssen auf den Stein«, sagte Papa. »Da ist das Geheimnis.«

Er deutete auf einen großen, flachen Felsbrocken im Fluss, dessen größter Teil unter Wasser lag. Der Stein nahm fast die Hälfte des Flusses ein. Sie fassten sich an den Händen und sprangen gemeinsam hinüber.

»Puh, bin ich müd«, sagte Papa, aber er lächelte trotzdem. »Setzen wir uns.« Also setzten sie sich und Toby Jane schaute in den Fluss, auf den Berg dahinter, auf den Berg vor sich und zur zerfurchten Fahrstraße, die sich an der Seite des Flusses bis zum Haus der Durhams schlängelte. Toby Jane entdeckte nichts, das auf ein Geheimnis deutete. Nirgends.

»Wo ist es, Papa?«

»Fällt dir nichts auf?«

»Nein, Sir. Haben wir diesen ganzen verflixten Weg umsonst gemacht?«

»Was meinst du wohl, wo dieser Felsen hier herkommt? Kuck dich um!«

»Na, ich nehm mal an, der hockt hier seit der Erschaffung der Erde.«

»Nö. Nö, das nu nich.« Papa sprach absichtlich nachlässig um ihr Interesse wach zu halten.

»Na, was sonst?«

»Schau mal hoch!«

Sie sah es. Auf der anderen Seite des Flusses war eine tiefe Mulde in der Klippe, da musste der Stein einst gesessen haben. Toby Jane zeigte auf die Stelle. Das war nun wirklich kein großartiges Geheimnis.

»Also gut. Als dieser Steinbrocken runtergekracht ist, hat er was mit dem Fluss gemacht. Und das ist das Geheimnis.« Papa grinste. »Pass auf, was mit den Stöcken passiert.«

Er warf einen Stock ins Wasser. Der wirbelte im Kreis herum und verschwand.

Papa reichte ihr ein paar Stöcke. Sie warf einen

ins Wasser und wartete ab. Eine Welle packte ihn und zog ihn nach unten. Toby Jane warf noch ein Hölzchen. Auch das verschwand.

»Was passiert mit den Stöcken?«

»Das ist das Geheimnis, mein Kind. Sie verschwinden in einer Höhle.«

»In einer Höhle?«

»Ja.«

»Woher weißt du das?«

»Wie viele Stöcke musst du noch reinwerfen, bis du es glaubst?«

»Einen.« Sie warf einen Zweig ins Wasser und er wurde verschluckt.

»Da unten ist wahrscheinlich eine große, alte Höhle«, sagte Papa. »Vielleicht gibt es dort sogar blinde Fische. Eine riesige Höhle. Und dann ist dieser Felsen heruntergefallen und hat den Eingang zur Höhle verschlossen, wie ein Stöpsel. Früher ist der ganze Fluss durch die Höhle geflossen, nicht nur dieser kleine Strudel.«

»Woher weißt du das?«

»Das Wasser kommt auf unserer Seite des Berges, auf unserem Land heraus. Als Rising Spring. Unterhalb des Rising Springs liegt ein kleines Tal und da floss einst der Fluss lang.«

Rising Spring! Die meiste Zeit des Jahres tröpfelte seine Quelle vor sich hin, nur nach dem Frühjahrsregen schwoll der Bach plötzlich an, hatte Toby Jane gehört.

»Woher weißt du, dass das Wasser von hier da rausfließt?«

»Als Josh und ich die Pflöcke einschlugen, kamen wir hierher.«

»Kennt Josh das Geheimnis?« Toby Jane konnte ihre Enttäuschung nicht verbergen.

»Nein. Er stromerte durch den Wald und ich ruhte mich auf diesem Stein aus. Mein schöner neuer Strohhut fiel mir vom Kopf und war plötzlich verschwunden, tauchte nirgends auf. Ein paar Tage später, als ich die Kühe suchte, fand ich ihn unterhalb vom Rising Spring.« Er lüftete seinen unsäglichen Hut und lächelte seine Tochter an. »Eben diesen Hut. Und beide Male war ich auf unserem Grund und Boden. Wir befinden uns auf unserem Grundstück.«

»Das hier ist uns!«, stellte Toby Jane plötzlich erfreut fest.

»Stimmt. Mit allem Drum und Dran, blinde Fische eingeschlossen. Ein schöner Gedanke, nicht wahr?«

»Ja.« Sie saßen reglos wie zwei Eidechsen in der Sonne.

»Wieso hat uns niemand was davon gesagt?«

»Wahrscheinlich weiß es keiner. Ich hab's nur durch Zufall entdeckt.«

»Und du hast es nur mir erzählt, sonst keinem?«

»Nein. Denk doch mal nach. Das Wissen kann gefährlich werden.«

»Warum?«

»Ich hab's noch nicht mal Joshua erzählt. Würde ich nie tun. Wenn man Dynamitstangen in das Loch hier steckt, so tief hinein wie möglich, die

Lunte hinauf auf den Berg legt und zündet, dann wird der Höhleneingang freigesprengt. Und die Höhle würde wie eine durstige Kehle den Powell verschlucken, das Wasser würde in die Höhle eindringen und auf der anderen Seite des Berges herausschießen. Dann schwillt der Rising Spring gewaltig an und das kleine Tal wird wieder zum Flussbett.«

»Oh! Und dann fließt der Fluss nicht mehr um den Berg herum?«

»Genau. Und Jungs würden so was einfach aus Spaß machen, deshalb dürfen wir das nicht weitererzählen.«

»Das tu ich auch nicht, Papa.« Sie war stolz, dass er es ihr erzählt hatte. »Aber wenn ich mal eine kleine Tochter hab, der ich vertraue, oder auch einen Sohn, darf ich es denen erzählen?«

»Das musst du entscheiden. Ich verlass mich drauf, dass du eine kluge Entscheidung triffst.«

Er holte die Flasche mit Mamas Farbe heraus. »Deine Mutter hat behauptet, mit dieser Farbe könnte man den ganzen Staat Virginia einfärben, und ich werd rauskriegen, ob das stimmt. Wird schon keinen Schaden anrichten.«

Er goss die Farbe in der Nähe des Ufers ins Wasser und sie glitt hinab in die Tiefe wie eine kleine grüne Schlange, die ein Versteck sucht. Nicht die geringste Spur blieb an der Oberfläche. Daniel verkorkte die Flasche und legte sie vorsichtig genau in den Strudel, so dass auch sie von der Höhle verschluckt wurde.

»Mögest du nie wieder mit galligem Grün gefüllt werden!«, sagte Papa.

Er stand auf. »Komm. Es ist ein weiter Weg die Straße lang, bis wir im Rising Spring grünes Wasser zu sehen kriegen.«

Sie sprangen ans Ufer und liefen los.

»Und was ist, wenn jemand die Farbe im Rising Spring sieht?«

»Der wird sich wundern. Soll er. Schadet nichts, wenn man an einem Rätsel zu knabbern hat.«

Papa schnaufte, schon lange bevor sie beim Rising Spring waren. Kein Mensch weit und breit. Die beiden setzten sich an die Bergseite und warteten auf grüne Farbe. Doch vergeblich.

»Vielleicht ist die Farbe längst durch«, sagte Papa.

Es war später Nachmittag. Beide waren müde, schmutzig und verschwitzt. Mama würde sich Sorgen machen.

»Tja, lass uns gehen, Liebes.«

Papa machte ein langes Gesicht.

Toby Jane wünschte, sie hätten wenigstens einen blinden Fisch gefangen oder einen Salamander, irgendwas, um diesen Tag für immer im Gedächtnis zu behalten. Nach einem überstandenen Abenteuer brauchte man ein Erinnerungsstück, das man mit heimnehmen konnte.

Plötzlich spuckte der Rising Spring ein Geschenk aus. Mamas Flasche tauchte aus dem Schwimmfarn auf und schickte sich an in den kleinen Bach zu entwischen. Toby Jane fischte sie jedoch heraus und streckte sie Papa entgegen. Lachend machten sie sich auf den Heimweg.

»Wirst du deiner Mutter die Flasche zurückgeben?«

»Nein. Ich behalt sie. Mama hat bestimmt nichts dagegen.«

»Sie wird sagen, du kommst nach deinem Vater, der allen Krempel aufhebt.«

Toby Jane schaute zu ihm auf. Sie hatte große Mühe seinen ausholenden Schritten zu folgen.

»Das macht doch nichts.«

An der Haustür kam ihnen Mama entgegen. Sie ließ sie gar nicht erst zu Wort kommen, sondern sagte gleich: »Mollie Hall ist hier. Sie hat sich im Schuppen verkrochen, wo ich sie gefunden hab. Sie ist von der Böschung am Fluss auf Steine gestürzt und hat sich verletzt.«

»Au!«, stöhnte Papa, als hätte er sich selbst wehgetan. »Hat sie sich was gebrochen?«

»Nein. Nur blaue Flecken. Böse Prellungen. Sie schämt sich dafür und will nicht, dass sie jemand sieht. Du musst sie nach Hause bringen, sobald ich ihre Wunden versorgt habe.«

Was hatte Mama bloß? Sie funkelte vor Zorn.

»Ist sie betrunken, Mama?«

Mama schien noch wütender zu werden. »Nein, mein Fräulein, sie ist nicht betrunken. Sie ist eine anständige Frau, genauso wie ich es bin.«

Papa schirrte das Pferd an um Mollie gemeinsam mit Mama nach Hause zu bringen. Als die drei schließlich losfuhren, hatte die Frau ihr Gesicht abgewandt. Toby Jane, die mit Juliet von der oberen Veranda aus zuschaute, bekam es nicht zu sehen.

Es dauerte also eine Weile, bevor Toby Jane Mama erzählen konnte, wie schön der Ausflug gewesen war. Allerdings verlor sie kein Wort über die Höhle. Auch Papa hielt sich an ihre Abmachung. Dennoch sagte Mama: »Ihr zwei habt doch was ausgeheckt. Was ist es?«

Sie konnten schlecht leugnen, dass sie ein Geheimnis hatten, also zuckte Papa mit den Achseln, Toby Jane zuckte mit den Achseln und alle beide lachten.

Tage später machte Mama eine Bemerkung darüber, dass Papas Fernweh nachgelassen habe – sie konnte sich nicht erklären, warum. Toby Jane wusste es, behielt es aber für sich. Der Ausflug zu der Höhle im Berg war ihm Abenteuer genug gewesen, für eine Weile jedenfalls.

Sommerregen sickerte in den Berg, floss aus den Spalten und Höhlen in die Bäche und von dort in den wild tosenden Powell. Die Durhams mieden den Regen und blieben am Tisch sitzen.

Sie unterhielten sich über die neuesten Nachrichten. Die Wochenzeitung war gekommen und Papa hatte keiner seiner Töchter die Lektüre erspart.

Juliet fragte: »Warum brüstet sich der Herausgeber damit, dass Laurel Gap die am schnellsten wachsende Stadt der Welt ist? Warum denken alle, wir werden reich?«

»Er brüstet sich nicht, er betet.«

»Er betet?«

»Er hofft, dass die Stadt überlebt. Sie ist noch ziemlich jung.«

»Aber Mama! Papa hat gesagt, Laurel Gap ist zwei Jahre älter als ich!«

»Stimmt. Und für eine Stadt ist das recht jung«, sagte Mama.

»Ihr müsst eben einfach hier bleiben«, schlug Papa vor. »Wenn die Stadt erst mal hundert ist, brauchen wir uns nicht mehr solche Sorgen machen.«

In der Zeitung stand, dass Mollie Hall gestürzt sei und sich verletzt habe, der Arzt sei bei ihr gewesen. Mama warf Papa einen düsteren Blick zu und sagte: »Mollie wird geschlagen.«

Nach dieser erstaunlichen Behauptung versiegelte Mama ihre Lippen und weigerte sich auch nur ein Wort hinzuzufügen.

»Wer schlägt sie?«, fragte Juliet.

Beide Eltern schwiegen.

»Ja, wer könnte es denn sein?«, überlegte Liza. »Außer ihr wohnt doch nur Mr. ...«

Liza verschlug es die Sprache und sie blickte zu Papa hinüber. Er kuckte weg.

»Papa?« Toby Jane ließ ihre Frage in der Luft hängen.

»Wir wissen nicht, ob es Elkanah ist«, sagte Mama schließlich. »Wir vermuten es nur – das ist alles.«

»Was meinst du, Papa?«, beharrte Toby Jane.

»Nun, wenn es wahr ist, dann ... dann ...« Papa zögerte, suchte das passende Wort. »... schickt es sich nicht.«

»Wenn es wahr ist«, sagte Toby Jane, »dann sollte sie den Gendarmen holen.«

»Das hat sie versucht«, sagte Mama hastig und ließ sich plötzlich anmerken, wie aufgebracht sie war. »Er behauptet, das ist eine Sache zwischen Mann und Frau und geht die Justiz nichts an, es sei denn, äh, er würde sie umbringen.«

»Mama!«, sagte Juliet entsetzt.

»Wenn ihr die Justiz nicht hilft«, sagte Toby Jane, »dann sollte sie ihm beim nächsten Mal eins mit der Brechstange verpassen.«

Papa räusperte sich. »Äh, das schickt sich nun ganz sicher nicht.«

»Warum nicht?«

»Es steht einer Frau nicht an Vergeltung zu üben.«

Toby Jane stand auf. »Papa, eins will ich dir sagen: Wenn mich jemals in meinem Leben jemand schlagen sollte, dann ist das für meine Begriffe nicht schicklich. Und ich werd mich mit der Brechstange zur Wehr setzen, ganz egal, ob sich das gehört oder nicht.«

»Boudicca«, sagte Papa.

»Wer ist Boudicca?«, fragte Liza.

»Eine keltische Königin, die sich an der römischen Armee rächte. Sie hatte lange rote Haare, die ihr bis an die Knie reichten, und eine laute, harte Stimme und wütende blaue Augen.«

»Warum hat Boudicca sich gerächt?«, wollte Toby Jane wissen.

Er zögerte. »Sie hatte gute Gründe.«

»Wenn ich Boudicca bin, wer bist du dann?«

»Dein stolzer, dich liebender Vater.«

Sie spürte, wie ihr Zorn nachließ.

Toby Jane stellte ihr Geschirr in den Ausguss. Alle waren einen Augenblick lang still und Toby Jane dachte an die winzig kleine Mollie Hall und ihren großen, klobigen Ehemann. Mollie hatte fast immer blaue Flecken. Die Küche verschwamm in einem blassen Nebel.

»Toby Jane?«

Papas Stimme holte sie zurück aus der Welt, in der Mollie Hall in Angst lebte.

»Sir?«

»Schau, der Regen hat aufgehört. Magst du nachher mit mir zur Wollspinnerei gehen?«

»Ja, Sir.«

Das einfache Wort Wollspinnerei ließ Toby Jane wieder friedlich werden, verbannte alles Schreckliche aus ihren Gedanken.

Aaron Carter brachte eine Wagenladung Wolle zur Wollspinnerei an der südlichen Gabel des Powell. Will ritt auf seinem Pferd nebenher. Er hatte vor sich ein neues Mädchen zuzulegen. Nicht Toby Jane, natürlich nicht, die war noch zu jung für ihn.

Will war froh die Plackerei mit der Wolle hinter sich zu haben. Er erinnerte sich, dass seine Mutter früher, als er noch ein kleiner Junge war, stets klaglos das langweilige Klettenabziehen und Kämmen der Wolle auf sich genommen hatte.

Der Fluss war zu reißend und tief um ihn zu durchqueren, darum trug Will die großen Bündel über die Hängebrücke. Das machte ihm nichts aus, er schleppte lieber Ballen als Kletten aus der Wolle zu ziehen. Vom Wollesäubern hatte er ein für alle Mal genug.

Hier an der Wollspinnerei kamen viele Leute schottisch-irischer Herkunft zusammen, zu denen auch Wills Familie zählte. Am Flussufer zum Beispiel stand Amanda Wright, die die Gabe hatte wunde Säuglinge zu heilen, denn sie hatte nie ihren Vater zu sehen bekommen. Er hatte ihre Mutter geheiratet, eine Nacht mit ihr geschlafen, sie geschwängert. Dann war er in den Krieg gezogen und getötet worden. Alles innerhalb von ein paar Tagen.

Daher brauchte Amanda nur ihren Atem in den Mund eines Säuglings zu blasen, seinen Po zu waschen und etwas Puder aufzutragen und nach ein oder zwei Tagen war das Kind nicht mehr wund. Dies gehörte zu den Dingen, mit denen sie sich ihren Lebensunterhalt verdiente.

Will hatte ein Auge auf Amanda geworfen. Schon immer. Eine schlanke, blasse, kinderlose Witwe mittleren Alters, die beinahe schläfrig gewirkt hätte, wären da nicht ihre flammenden, herausfordernden blauen Augen gewesen. Sie wurde langsam alt. Aber sie hatte was.

Will suchte ihre Nähe. Sie schien ihn in ihr Haus

und ihr Bett einzuladen, ließ sich dies aber weder durch Worte noch durch ein Nicken oder Zwinkern anmerken. Sie hielt sich zurück; und doch schien ihr wilder Blick zu fragen: »Bist du es? Habe ich dich gefunden?«

Er bemühte sich sie nicht anzustarren, hielt den Kopf gebeugt. Wenn die Geschäfte hier erledigt waren, wollte er seinen Vater allein nach Hause fahren lassen und hinauf nach Wallen's Ridge zu Amanda gehen um herauszufinden, ob ihn seine Gefühle trogen oder nicht. In jedem Fall wollte er mit ihr reden, wollte ihr erklären, wie sie mit dem Heilen von Säuglingen mehr Geld verdienen könnte. Für einen kleinen Anteil am Geschäft würde er gern ein wenig Reklame für sie machen, sie den Müttern von kleinen Kindern empfehlen.

Würde Amanda ihn an sich heranlassen? Es würde sich lohnen für sie, dafür konnte Will die Hand ins Feuer legen. Befriedigung garantiert. Denn er glaubte wirklich, dass Frauen auch ihren Spaß haben sollten, hatte sich deshalb sogar einmal mit seinem Vater gestritten.

Will besuchte regelmäßig drei verheiratete Frauen in Crane Creek und ließ sie alle ihren Spaß haben. Wenn die eine nicht verfügbar war, dann war gewöhnlich eine andere bereit.

Er nahm sich, was immer er wollte, aber er wahrte die Form.

Wenn ihn sein Gefühl nicht trog, würde er – mit Amanda außerhalb der Stadt – jetzt vier Frauen haben.

Also behielt er Amanda Wright im Auge, achtete aber sorgfältig darauf, nicht auf ihre Brüste zu glotzen, und erwiderte den Blick ihrer wilden, herausfordernden Augen mit gehörigem Respekt.

Immer mehr Pferdewagen und Einspänner fuhren heran um ihre Wolle abzuladen. An der Wollspinnerei, am Flussufer, auf der Brücke und auf der Wiese wurde immer lauter geredet und geschwatzt.

Es war ein Spiel, ein Fest. Die Leute tauschten den neuesten Klatsch aus und registrierten sorgfältig die Menge und die Qualität der Wolle der anderen. Will und Aaron kannten beinahe alle Leute, die da waren. Nun, vielleicht nicht jedes einzelne der rotschöpfigen Gören, die Steine in den wilden Fluss titschten, aber wenn Will genau hingeschaut hätte, dann hätte er wohl herausfinden können, aus welcher Familie sie stammten.

Will war wie elektrisiert, als er Toby Jane auf der Hängebrücke entdeckte. Sie trug ein Bündel Wolle über den Strom. Am anderen Ende der Brücke stand Daniel und beobachtete, wie seine Tochter die Brücke überquerte. So war Daniel. Will hatte noch nie gehört, dass eine Hängebrücke umgeschlagen wäre, aber Daniel stand trotzdem dort.

Dieses Küken. Ihr Haar fiel wie ein rotgoldener Wasserfall. *Tritt hervor, hier steht dein Liebster! Toby Jane, mein Liebchen, du bist für mich was andres wie alle andern Fraun.*

Aber heute wollte er mit Amanda ins Bett gehen.

Daniel stand immer noch abwartend da.

»Angst vorm Fluss, Daniel?«, rief Will.

»Hab ihn noch nie so hoch gesehen«, rief Daniel zurück. Er warf Will einen scharfen Blick zu, dessen Bedeutung Will plötzlich verstand.

Daniel hat mich durchschaut. Der weiß, dass ich auf Amanda Wright scharf bin.

Toby Jane hatte die Brücke zur Hälfte überquert.

Plötzlich dröhnte ein Tosen in der Luft, ein Laut, den Will schon einmal gehört hatte. Konnte sich aber nicht erinnern, wo oder was das gewesen war. Etwas Furchterregendes. Will war wie gelähmt vor Angst.

»Allmächtiger!«, sagte eine Frau.

»Lauf, Toby Jane!«, brüllte Daniel.

Sie blickte sich kurz um, fragte aber nicht weiter, sondern packte die Wolle fester und rannte los, setzte sicher über den schwankenden Grund. Doch die Langsameren auf der Brücke hielten sie auf.

Will stand starr, unbeweglich wie ein Felsblock.

Kuck doch! Da kommt sie. 'ne hohe Flutwelle. Hässlich braun, gurgelt nach Westen.

»Runter von der Brücke!« Das Brausen des Wassers verschluckte Daniels Stimme.

Eine zweite Welle rollte über die erste hinweg. Toby Jane versuchte um die ...

»O Allmächtiger!«, schrie die Frau wieder.

Eine braune Wasserwand schlug gegen die Brücke. Hob sie hoch. Schleuderte Menschen und Wolle in die Luft. Will sah, wie Toby Jane in den Fluss flog.

Und schon war die Flutwelle vorbeigerauscht.

Toby Jane und andere wurden flussabwärts gerissen. Zwei Männer griffen nach der Brücke, verfehlten sie, trieben weiter. Toby Jane ließ ihr Wollbündel los. Versuchte ans Ufer zu kommen, da, wo Will stand, gegenüber von Daniel. Will beobachtete sie mit offenem Mund und einem mulmigen Gefühl im Magen, nur drei Meter von ihr entfernt.

Gleich helf ich ihr, dachte Will. Er stand wie ein Stein.

Daniel schubste Leute aus dem Weg, rannte ihr am Ufer entlang hinterher, sah einen Jungen im Wasser, den er hätte herausziehen können. Raste weiter.

Das schafft er nich, dachte Will. *Er is 'n alter Mann.*

Daniel stürzte voran. Vor ihm tauchte Toby Jane auf und unter. Tauchte unter und auf. Unter. Will atmete gequält. Auf.

An der Biegung wird die Strömung langsamer, dachte Will. *Da hol ich sie raus.*

Mit bleiernen Schritten lief er am Flussufer entlang.

Daniel rannte, keuchte mit offenem Mund. Erreichte die Biegung. Stieß den Schlachtruf der Konföderierten aus, unerwartet, unheimlich. Ließ seinen dürren Körper der Länge nach ins Wasser platschen. Hin zu seiner Tochter.

Dieser alte Mann, dachte Will.

Daniel tanzte wie ein zerbrechlicher Zweig im Wasser. Die Strömung zog ihn hinab. Er schoss wieder hoch und voran, quer über den Fluss. In wildem Hundegepaddel durchschnitten seine riesigen Hände das Wasser.

»Allmächtiger«, betete die Frau. »Bitte mach, dass keine Steine da sind!«

»Ich komme, Kleine!«, schrie Daniel.

Toby Jane wurde hochgeschleudert, blickte starr wie eine aufgeschreckte Eule und ging wieder unter. Daniel schwamm wie wahnsinnig, voran, weiter voran.

»O Gott, er geht unter!«, sagte die Frau. »Er kriegt keinen Grund mehr.«

Ich helf den beiden, dachte Will.

Daniel war nahe bei Toby Jane. Er bekam ihr Kleid zu fassen, zog das Mädchen heran, klemmte sie sich unter den Arm und kraulte einarmig, mit aller Kraft. Toby Jane war wie ein stilles, zitterndes Fischchen, wehrte sich nicht. So dumm war sie nicht. Sie überließ Daniel die Führung.

»Jetzt kann er sich Zeit lassen«, sagte die Frau mit einem Seufzer.

Die Menge drängte herbei um den beiden ans Ufer zu helfen. Jemand packte Toby Jane, zog sie aus dem Wasser und auf die Füße. Sie konnte stehen. Ihr fehlte nichts.

Daniel hatte Mühe sich aufzurichten. Direkt vor seinen Augen tauchten Wills polierte Stiefel auf, sie hatten nicht einen Tropfen Wasser abbekommen. Will hielt ihm die Hand entgegen.

»Gib mir deine Hand, Daniel.«

Doch der warf Will nur einen Blick zu, der deutlich sagte: *Du hättest sie ertrinken lassen!*

Daniel kam erst auf die Füße, als ihn zwei junge Männer plötzlich mit Schwung hochzogen, sie gehörten zu den Melungeons aus den Bergen. Er schwankte einen Augenblick, beugte sich plötzlich vor und erbrach sich auf Wills glänzende Schuhe.

»Oh, tut mir Leid, Will.«

Daniel hustete und schnappte nach Luft. Er reichte den beiden Männern die Hand. »Ich danke euch.« Sie nickten und sprachen miteinander und polkten ihm Zeug von den Kleidern, das vom Fluss hängen geblieben war.

»Was wird Mattie zu meinem Aufzug sagen?«, meinte Daniel. Er nickte den beiden noch einmal zu und ging dann mit einem schiefen Grinsen im Gesicht auf seine Tochter zu. Sah sich kurz nach Will um. Amanda Wright war in seiner Nähe, ihr Blick kreuzte sich mit Daniels. Daniel wandte sich ab und umarmte Toby Jane.

»Ich werd schwimmen lernen«, sagte sie.

»Keine schlechte Idee.«

»O Papa, du hast mein Leben gerettet und dabei deinen scheußlichen Hut verloren.«

»Ach was, der olle Hut wird wieder auftauchen. Und wenn nicht, dann war's ein guter Tausch.«

Sie kehrten zur Brücke zurück, die gerade auf ihre Sicherheit überprüft wurde. Alles in Ordnung. Schweigend gingen sie hinüber, zu müde zum Reden, Daniel gebeugt vor Erschöpfung. Als er auf den Wagen steigen wollte, fiel er zurück. Toby Jane legte einen Arm um ihn und half ihm hoch.

Will schaute den beiden nach und überlegte, warum er gezögert hatte bei der Rettung zu helfen.

War nich meine Sache.

Nein, das war nich der Grund. Ich war ein Steinmann, nich zu bewegen.

Ihm fiel ein anderer Grund ein, den er aber umgehend verwarf.

Ich hatte Angst.

Toby Jane fuhr mit der Bimmelbahn Richtung Osten um Neil Morris ein paar frühe Äpfel zu bringen. Die Bahn ratterte durch den schattigen Wald und pfiff am Übergang, wo ein Wagen stand, der die Gleise überqueren wollte. Die Pferde trippelten nervös. Toby Jane lächelte vergnügt, während die Bimmelbahn vorbeibrauste.

Ein plötzlicher Regenguss spülte Ruß an ihrem Fenster hinunter. Auch heute regnete es zu viel, wie in der vergangenen Woche, als der Regen ihr die Flutwelle auf den Hals gehetzt hatte.

Die Bimmelbahn rollte zum Depot der Southern-Linie um die Passagiere nach Bristol abzuladen. Hier hörte der Regen plötzlich in einer Linie auf. Auf der einen Seite war es trocken, auf der anderen nass. Ein Phänomen hatte Papa das genannt.

Sie fuhren in den Bahnhof ein.

Die Bimmelbahn sammelte die Passagiere auf, die aus Bristol kamen. Toby Jane bestaunte die Zugereisten und lauschte ihrer fremdartigen Sprechweise.

Der kleine Zug ratterte weiter in die Richtung von Neils Haus.

Queenie Burn, die Klatschbase der Bimmelbahn, rief plötzlich so laut, dass es alle hören konnten: »Letzte Nacht gab's einen Mord, hier bei uns! Mollie Hall hat den armen Elkanah totgeschossen. Habt ihr schon gehört?« Das Lächeln in den Gesichtern wich Entsetzen.

Toby Janes Herz klopfte heftig. Was hatte sie zu Papa gesagt? *Mollie sollte mit einer Brechstange auf ihn losgehen.*

»Sie wird's leugnen, wenn sie sie schnappen«, rief Queenie. »Sie ist eine grässliche Lügnerin.«

»Ich hab Mollie noch nie bei 'ner Lüge ertappt!«, sagte Mrs. Pike, die neben Mollie wohnte.

»Dann haben Sie ihr noch nie ins Gesicht geschaut!«, tönte Queenie mit großen Augen und gottesfürchtigem Blick. »Sie kuckt einem nie in die Augen, immer kuckt sie weg.«

Hatte Queenie Recht? War eine Frau, die einen nicht direkt anschaute, automatisch eine Lügnerin? Nein, nicht Mollie Hall, diese winzige, dürre, grün und blau geschlagene Frau – sie war keine Lügnerin. Sie würde allenfalls zu einer Notlüge greifen. »Ich bin gefallen«, würde sie sagen, statt: »Er hat mich verprügelt.«

»Ich hab selber den Gendarm geholt«, sagte Mrs. Pike. »In der Nacht habe ich Schreie gehört und heute Morgen hat Mollie nicht den Herd angemacht fürs Frühstück. Wir achten immer drauf, ob nebenan der Schornstein raucht und alles in Ordnung ist. Ich bin mit dem Gendarm ins Haus und hab Elkanah im Bett gesehn. Der halbe Kopf war weg. Nur noch ein Auge war da und das hat in die Gegend gestarrt, als wollte es rausfinden, was los war. Die andere Hälfte vom Kopf hat an der Küchendecke geklebt. Und Mollie war nicht da.«

»Was hat der Gendarm gesagt?«

»Der hat gesagt: Sieht so aus, als hätt er sie wieder mal verprügelt, und sie hat sich gewehrt.«

»*Wieder mal* verprügelt?«, fragte Queenie wütend und ungläubig.

»O ja. Er hat sie geschlagen«, sagte Mrs. Pike im Brustton der Überzeugung.

»Wieso hat sie ihn nicht angezeigt?«, fragte Toby Jane.

»Schätzchen, was hätte sie schon tun können?«, sagte Mrs. Pike freundlich. »Sie war seine Frau.«

»Mollie hat ihn erschossen, ihn ins Bett geschafft und is abgehauen. Das hab ich jedenfalls gehört.« Queenie war unerbittlich.

»Da stimmt was nicht«, brummte ein Mann. »Wie kann eine so winzige Person Elkanah hochheben?«

»Vielleicht hat jemand anders ihn umgebracht und Mollie entführt«, sagte Mrs. Pike.

Toby Jane war schlecht. Sie war ausnahmsweise einmal froh ihren Auftrag schnell hinter sich gebracht zu haben und nach Hause zu kommen. Juliet empfing sie auf der Veranda.

»Hast du schon gehört, dass Mollie Hall Elkanah getötet hat?«, fragte Juliet.

Das ist ungerecht, fand Toby Jane. *Könnte ich nicht auch mal was als Erste erzählen dürfen? Einmal wenigstens?*

»Auf wessen Seite bist du?«, wollte sie von Juliet wissen.

»Du meinst, ob ich für Elkanah bin oder für Mollie?«

Toby Jane nickte.

»Für Elkanah natürlich. Sie hat ihn ermordet.«

»Wenn Papa Mama einmal in der Woche verprügeln würde, für wen wärst du dann?«

Juliet kniff die Augen zusammen. Beide Mädchen schwiegen einen Augenblick lang.

»Also, auf wessen Seite bist du?«

»Auf Mollies.«

Sie waren einer Meinung!

»Vielleicht war das die letzte Prügel, die Mollie einstecken wollte. Und jetzt wandert sie in den Bergen herum«, sagte Juliet.

Die Schwestern hatten denselben gequälten Ausdruck in den Augen.

Juliet sprach aus, was beide dachten. »Weißt du noch, wie sie gesagt hat, dass sie am Fluss gefallen ist? Und voller Blut war?«

»Ja. Und Mama war furchtbar wütend.«

Mehr Worte waren nicht nötig. Die beiden rannten zum Schuppen, wo sich Mollie an jenem Tag verkrochen hatte.

Mollie hockte ganz hinten in der Ecke, das Gesicht durch eine Sonnenhaube verdeckt. Als die Mädchen auf sie zukamen, zuckte sie zusammen, hob ein schweres Gewehr und versuchte damit zu zielen. Der Lauf vollführte langsam eine kreisförmige Bewegung.

Toby Jane konnte sich nicht vorstellen, dass Mollie Hall auf sie schießen würde.

»Mollie, ich bin's, Toby Jane«, sagte sie. »Und Juliet. Wir wollen dir helfen.«

Mollie ließ das Gewehr auf ihre Knie sinken, kreuzte ihre Arme darüber und senkte den Kopf, so dass die Mädchen ihr Gesicht nicht mehr sehen konnten.

So eine dürre, unbeholfene kleine Frau. Verwachsen und ungelenk. Sie bewegte sich wie ein seltsamer Vogel.

»Ich hol Mama«, sagte Juliet.

Mama war zunächst sprachlos vor Entsetzen, wusste aber sofort, was zu tun war. Sie ging zu Mollie, kniete sich vor ihr auf den Boden, nahm sie in die Arme. »Dir passiert nichts, Mollie, wir kümmern uns um dich. Komm. Lass mich das hier aus dem Weg schaffen.« Sie stellte das Gewehr in den Schrank neben sich.

Mama drehte sich nicht um, als sie ihre Befehle herausschoss: »Juliet, fach das Feuer im Herd an, setz Teewasser auf. Oh, und Juliet, brat zwei Eier in Butter und röste ein paar Brötchen. Mach ein Glas Brombeermarmelade auf.«

Mollie fing an zu weinen, sie schluchzte leise, fast zögernd, als wollte sie um Verzeihung bitten.

Mama hielt sie im Arm und fuhr fort: »Toby Jane, nimm das Pferd und reite am Fluss auf und ab. Kuck, ob irgendjemand in der Nähe ist, der beobachten könnte, wie wir sie ins Haus bringen.«

Das war eine Aufgabe nach Toby Janes Geschmack. Sie sauste mit Bill über die Bimmelbahnbrücke, was ihr ihre Eltern sonst niemals erlaubten. Bill bäumte sich auf und raste auf die andere Seite. Flussabwärts, flussaufwärts und zurück über die Brücke.

Kein Mensch, niemand. Nirgends.

Minuten später war sie zurück. »Die Bahn ist frei.«

Mollie stöhnte laut, als sie aufstand.

»Mein Gott, Liebes, hast du dir was gebrochen?«, fragte Mama verstört, als könne sie das nicht auch noch verkraften.

Mollie fuhr hilflos mit der Hand über ihre untere Gesichtshälfte. *Auch wenn sich ihr ganzes Gesicht verändern würde,* dachte Toby Jane, *an ihren Handbewegungen würde ich sie immer erkennen.*

»Nein.«

Toby Jane starrte in Mollies Gesicht und dachte: *Das ist Elkanahs Blut.*

Im Gesicht ihrer Mutter entdeckte Toby Jane das gleiche Entsetzen, das sie selbst empfand. Doch das Blut kam von Schnittwunden in Mollies Gesicht, unterhalb des rechten Auges, neben den geschwollenen Lippen, im schwarz verfärbten Kinn. Toby Janes Entsetzen wandelte sich in Mitleid. Helles Blut befleckte den Boden an der Stelle, wo Mollie gesessen hatte.

»Wo kommt das Blut her, Liebes?«, fragte Mama.

»Er hat meine Beine mit Stacheldraht gepeitscht.«

Mit Stacheldraht! Ein Glück, dass er tot ist, dachte Toby Jane.

»Hast du ihn erschossen, weil du Angst hattest, er bringt dich um?«

»Nein, Ma'am. Da hätt er mir 'nen Gefallen getan. Nein, er hat mir die letzte von Mutters guten Tassen ins Gesicht geknallt und kaputtgemacht.« Sie deutete auf den schwarzblauen Fleck. »Das konnt ich ihm einfach nich durchgehn lassen, wirklich nich.«

»Nein, natürlich nicht.«

Aber Mama sah traurig aus und Toby Jane verstand plötzlich, warum. Mollie hatte nicht aus Notwehr getötet. Nichts würde sie vor dem Gefängnis retten, es sei denn, sie erfand eine andere Geschichte. Aber das würde sie nicht tun, denn sie war von Geburt an erzogen worden die Wahrheit zu sagen, und daran hielt sie sich genau wie Mama und Papa.

»Liebes, warum bist du nicht längst weggelaufen?«, fragte Mama.

»Oh, der hätt mich immer am Wickel gekriegt. Das hat er mir ehrlich geschworn.«

Sie gaben Mollie etwas zu Essen, badeten und verbanden sie. Brachten sie nach oben und ließen sie schlafen. Sie wuschen ihre Kleider in kaltem Wasser mit guter selbst gemachter Seife, bevor sich das Blut festsetzen konnte. Das meiste ging raus.

Mollie schlief, als Papa kam. Sie gaben ihm ein Brötchen mit Honig und Tee. Er hörte ihnen zu und runzelte verärgert die Stirn.

»Hast du die Folgen bedacht?«

»Natürlich hab ich das, Daniel«, fauchte Mama. »Wir haben eine Frau aufgenommen, die fast zu Tode geprügelt worden ist. Wenn sie vor Gericht kommt, dann wird sie ins Gefängnis gesteckt oder in die Anstalt in Marion. Oder zum Tode verurteilt. Vielleicht werden auch wir verhaftet, weil wir sie aufgenommen haben.«

»Auf wessen Seite bist du, Papa?«, musste Toby Jane fragen.

Er runzelte die Stirn. »Auf Mollies natürlich«, sagte er.

»Wie soll sie zu ihrem Recht kommen?«, fragte Mama unversöhnlich. »Der Gendarm hat gesagt, es ist Unrecht sich einzumischen. Und wir haben uns nicht eingemischt.« Mama schleuderte ihre Worte wie eine Herausforderung hinaus. »Boudicca hätte ihn schon längst getötet.«

»Mattie«, sagte Papa mit sanfter Stimme. »Mattie. Ich bin auf ihrer Seite. Die Frage ist nur, was können wir tun?«

»Wir können sie ausruhen lassen, bis sie ein bisschen mehr Kraft hat, und dann wird sie uns sagen, was *sie* will. Nicht, was *wir* wollen.«

»Vor Gericht hat sie keine Chance.«

Mamas Gesicht entspannte sich plötzlich. »Du hast noch keinen Bissen von deinem Brötchen gegessen, mein Schatz.«

Der Streit war vorüber.

»Diese Sache müssen wir für uns behalten«, sagte Papa.

Alle nickten ernst.

»Aber Liza müssen wir es sagen«, sagte Toby Jane. »Sie wird bald nach Hause kommen und wird wissen wollen, warum wir so still sind.«

Am nächsten Tag war Mollie Hall wieder auf den Beinen und bereit sich der neuen Situation zu stellen. Als sie merkte, wie wütend Daniel Durham wurde, als er ihre Wunden im Gesicht sah, zog sie ihre Sonnenhaube tiefer hinunter.

»Ich lauf davon«, sagte sie. »Gott, ich könnt es nich ertragen eingesperrt zu sein. Bin lange genug eingesperrt gewesen.«

»Wo willst du hin?«, fragte Papa.

»Erst mal nach Bloody Breathitt. Da werd ich Hilfe finden.«

Daniel nickte. »In Ordnung.«

Mama rief: »Wie erfahren wir, ob du's geschafft hast, Mollie?«

»Ich schreib euch 'ne Karte«, sagte sie. »Ich denk mir einen Namen aus. Ich werd was über euren Schuppen schreiben, denn da hab ich mich jetzt schon dreimal versteckt.«

»Dreimal?«, sagte Toby Jane erschrocken.

»Ja.«

»Wir bringen dich hin«, sagte Papa. »Morgen früh, falls du dich kräftig genug fühlst.«

»Tu ich. Ich geh zu Haus vorbei und hol mir, was ich brauch.«

»Das geht nicht, Mollie«, sagte Mama leise.

Mollie kuckte verdutzt. »Ach ja, 'türlich nicht.«

Sie suchten ein paar Kleider für sie zusammen und etwas zu Essen für unterwegs.

Es war ein warmer, nebliger Morgen, als Mama und Papa mit dem Wagen aufbrachen. Niemand merkte, dass der kleine, stille Haufen unter der Plane Mollie Hall war.

Zurück im Haus fragte Toby Jane Juliet, was sie von der Sache hielt.

»Mollie wollte Gerechtigkeit. Und als sie die nicht gekriegt hat, hat sie Rache genommen.«

Toby Jane sagte: »Sie war Boudicca – sie hat sich gewehrt. Beim nächsten Mal hätte er sie umgebracht.«

Wohin Will ging, was immer er tat, stets hoffte er auf eine günstige Gelegenheit. Und doch hatte er die Chance verpasst sich bei der neuen Bristol-Eisenbahnlinie oder beim Hochofen einzukaufen. Herrgott noch mal! Bloß weil er nicht genug Geld hatte. Er musste endlich zu Geld kommen, damit er Daniels Farm kaufen konnte.

Will war einem Vermessungstrupp auf der Spur und trieb sein Pferd tief in den Little Black Mountain, eine Kette wuchtiger Berge, zwischen denen sich selbst der umsichtigste Siedler verirren konnte.

Hier in der Wildnis liefen an jedem Bach kleine Pfade entlang. Schmale Wege lockten den Fremden in den Wald. Aaron war es gewesen, der Will auf die vielen Wege in den Bergen aufmerksam gemacht hatte.

»Gehn die alle zu Häusern?«, hatte Will gefragt.

»Ein paar vielleicht«, hatte sein Vater geantwortet, »aber die meisten hören bald auf. Die Vermessungstrupps der Eisenbahn haben sie angelegt. Die teilen und zerstückeln die Berge.«

Die Eisenbahn hatte Wills Aufmerksamkeit erregt.

»Ich werd mir was von dem Land kaufen«, hatte er zu Aaron gesagt.

»Wo die Eisenbahn durchkommt?«

»Jap.«

»Tu das«, hatte Aaron gesagt. »Ein kleiner Streifen ist schon genug. 'ne große Gesellschaft würd viel dafür zahlen.«

Heute war die Gelegenheit. Joshua Durham war aus Cincinnati geholt worden um einige Wochen lang im Little Black Mountain zu vermessen.

Will hoffte von Josh den Verlauf der neuen Strecke zu erfahren, um sich ein Stück des Landes zu kaufen, bevor die Eisenbahngesellschaft zum Zuge kam.

Gott, das Geld lag wirklich überall auf der Straße, es wartete nur darauf, dass er es aufhob! Will brauchte nur an all die kleinen Flecken zu denken, die eine Bahnlinie für den Transport von Holz und Kohle brauchten: Sergeant, Stonega, Pikeville, Dorchester, Cracker's Neck, Keokee.

Nach zwei Tagen fand Will Joshs Vermessungstrupp auf einer Schneise, wo noch nie ein Haus gestanden hatte.

Pflöcke markierten einen Fahrweg! Zu viele Pflöcke, bemerkte Will dann, die noch dazu kreuz und quer verliefen. Welches System steckte dahinter?

»Tag auch!«, rief er freudig überrascht den Vermessern zu, als hätte er nicht damit gerechnet so tief im Wald jemandem zu begegnen. Vier Männer saßen auf einem Fels, auch Joshua war dabei. Will ging zu ihm hinüber, legte den Arm um ihn, klopfte ihm auf die Schulter und bot ihm etwas Most an.

»Apfelwein?«, fragte Josh lächelnd, als freute er sich über dieses unerwartete Treffen.

»Was kann man sonst aus Äpfeln machen?«

»Danke, Will, aber ich darf nicht. Hab Abstinenz geschworen.«

Gott im Himmel! Mit diesen Durhams kann man nicht ein vernünftiges Wort reden!

»Tja, Mann. Zu schade. Haste Zeit für 'nen kleinen Plausch mit 'nem alten Cousin?«

»Klar. Wir machen gerade Mittagspause.« Joshua langte nach seinem Essgeschirr. »Hast du Hunger?«

»Nein, dank dir. Hab schon gegessen. Und ihr vermesst für die Bahn?«

»Jap.«

»Wo soll's denn langgehen?«

Joshua grinste verlegen. »Das darf ich nicht sagen.«

»Drüben, wo die Pflöcke sind, oder mehr hier lang?«

»Ich darf's nicht sagen, Will. Sie wollen nicht, dass sich Leute das Land unter den Nagel reißen und die Preise verderben. Nicht, dass du so was tun würdest.«

Josh schaute Will mit großen, unschuldigen Augen an.

Macht der sich lustig über mich?, fragte sich Will.

Er verzog den Mund.

»Misstrauisches Volk, was?«

»Sieht so aus. Aber kommt wirklich vor.«

Will hielt sich nicht länger auf. Hatte keinen Sinn. Wenn ein Durham Stillschweigen geschworen hatte, dann würde niemand ein Wort aus ihm herauskriegen.

Er folgte den Pflöcken, die erst bergab und dann längs des Hanges verliefen, bemerkte eine weitere Reihe, die aufwärts ging, versuchte angestrengt herauszufinden, wo die Vermessung begonnen hatte. Es gelang ihm nicht.

Zum Teufel.

Am nächsten Morgen ritt Will heim, vorbei an den Kokereien von Dorchester. Scharfer Rauch biss in seiner Kehle. Ein Einspänner, ein schicker schwarzer Zweisitzer, von einem edlen schwarzen Pferd gezogen, fuhr heran.

Henry Dunn, dachte Will. *Das ist die Lösung.*

Henry Dunn, der umtriebigste Anwalt des Landkreises. Der gerissenste Geschäftsmann im südwestlichen Virginia.

Will lenkte sein Pferd vor den Einspänner.

»Wie geht's, Henry?«

»Gut, gut, danke. Und dir, Will?«

»So weit ganz gut. Hab ein Angebot für dich.«

Will beschrieb die Kohle, die auf Daniels Land lag, schilderte, wie leicht man sie abbauen konnte und was für ein Glücksgriff das wäre.

»Die Kohle is regelrecht am Schrein, dass sie einer rausholt. Und der Mann, dem das Land gehört, hat kein Schimmer.«

Henry hörte zu ohne eine Miene zu verziehen.

»Und du brauchst Hilfe?«

»Richtig.«

»Du hast nicht erwähnt, wo die Kohle liegt und wem das Land gehört.«

»Stimmt. Hab ich nich.«

»Du meinst, ich würde dir Geld geben für irgendein Stück Land, das irgendeinem Mann gehört, mit Kohle darauf, von der niemand was weiß?«

»Genau.«

»Das ist mir zu unsicher, Will.« Henry zog sachte an den Zügeln und das Pferd legte sich ins Zeug.

»Warte, Henry. Lass uns einen Vertrag machen, unter uns.«

Der Einspänner blieb stehen. Henry griff nach seiner Mappe.

»Wie viel Prozent?«, fragte er.

»Zehn Prozent Zinsen auf die Anleihe«, sagte Will.

»Von wegen Anleihe! Nichts da! Ich steig ein. Das wird eine Dunn-Carter-Mine werden.«

»Nein, Sir. Carter-Dunn. Also gut, zehn Prozent vom Gewinn an dich.«

»Wo willst du das Geld für den Abbau herkriegen?«

»Du streckst vor, bis die Sache läuft. Dreißig Prozent.«

»Langsam wirst du vernünftig. Fünfzig Prozent, und erst krieg ich mein Geld zurück, bevor du was einstreichst.«

»Mann, ich mach schließlich die Arbeit«, sagte Will zornig. »Ich brauch Lohn.«

»In Ordnung. Du bekommst ein Gehalt. Aber fünfzig Prozent für mich oder ich mach nicht mit. Will, wo willst du sonst jemanden finden, der meine ... äh ... Qualifikationen hat?«

Stimmt. Reichlich Geld und kein Gewissen.

Will seufzte. Sie reichten sich die Hand. Schnell und gekonnt brachte Henry die Vereinbarung aufs Papier, wobei er die ganze Zeit über das Wetter redete. Will blieb ebenso kühl. Er las sich alles genau durch, bevor er seinen Namen darunter setzte.

Ein lautes Krachen weckte Toby Jane und sie war schon auf den Beinen, ehe sie ganz wach war. Hörte Füße trappeln.

»Ein Zugunglück!«, rief Papa. »Bei der L & N ist was passiert!«

Sie beugte sich vor um einen Blick auf die Uhr zu werfen. Sechs Uhr früh.

»Ein Zugunglück«, rief sie Juliet zu.

Toby Jane griff nach Schlüpfern, Kleid und Schuhen. Sie hörte, wie Liza Holz in den Herd schob, roch Gebäck und schmurgelnden Speck.

Juliet und Liza sollten nicht zur Unglücksstelle gehen. Sie mussten immer gleich weinen. Das war nur was für Papa, Mama und sie selbst.

»Ihr Mädchen bleibt hier, bis wir wissen, was los ist«, rief Mama von unten. »Wir kommen gleich wieder.«

»Mama!«, schrie Toby Jane. »Ich doch nicht!«

»Doch, du auch, mein Fräulein. Juliet und du, ihr holt die Brötchen aus dem Brotschrank. Backt sie auf, schmiert Butter drauf und dann Honig oder Marmelade. Stellt den großen Kaffeetopf auf den Herd. Helft Liza, so gut ihr könnt.«

»Mama!«

»Schluss jetzt, Toby Jane! Wenn es nicht allzu schlimm ist, komm ich zurück und hol dich.«

Sie wusste, was Mama und Papa dachten. Es schickte sich nicht für junge Frauen, blutende Menschen zu sehen, o nein, da sei der Himmel vor, und Tote schon gar nicht. Aber wenn Mama diesen Ton anschlug, dann hatte es keinen Sinn zu widersprechen.

Papa schirrte Bill vor den Wagen und sie preschten zur Unglücksstelle. Schon bald kam Mama mit dem Wagen zurück.

»Niemand verletzt. Keine Knochen gebrochen. Der Lokführer hat einen Schock und ein paar Prellungen. Und Papa sagt, ihr sollt den Kaffee und die

Brötchen bringen. Die Leute werden Hunger haben.«

»Und wir zarten Wesen dürfen jetzt hin?«, fragte Toby Jane.

»Toby Jane!«, mahnte Mama.

Sie hielt den Mund und half Mama und Juliet das Essen zusammenzupacken. Bei solchen Gelegenheiten versammelten sich allerhand Leute, es herrschte große Aufregung und nur ein Imbiss fehlte, damit ein richtiges Fest daraus wurde. Mama übertraf sich selbst, spendierte genug Essen für alle und zeigte nicht das geringste Schuldbewusstsein, als Papa kritisch die Stirn runzelte.

Die Unfallstelle gab nichts her – es war kaum etwas passiert. Trotzdem strömten die Leute herbei.

Will Carter kam auf seinem Pferd geritten und winkte zu den Durhams hinüber. Er zwinkerte Toby Jane zu.

»Wieso ist der schon so früh hier?«, fragte sie Papa, der ein verdrießliches Gesicht machte.

»Oh, ich nehme an, er hat eine Freundin hier in der Stadt.«

»Und mir will er den Hof machen!«, sagte sie.

Toby Jane betrachtete Will Carters vollendete Gesichtszüge. Ein schönes Lächeln, eine gerade Nase, kühn geschwungene Augenbrauen, weiche Wangen. Kein falscher Zug. Warum konnte sie ihn nicht leiden, wenn er so ein gutes Gesicht hatte? Seine Augen. Das war's. Wenn man in seine Augen schaute, dann bekam man eine Gänsehaut. Wills berechnender Blick war abstoßend.

Er stieg vom Pferd und kam zu ihrem Wagen, grüßte, nahm Kaffee und ein Brötchen.

»Wieso bist du um diese Zeit schon hier?«, fragte Toby Jane. »Hast du eine Freundin hier unten?«

Will schielte kurz zu Daniel hinauf. »Klar doch. Und das bist du«, sagte Will. Er pfiff ihr sein altes Lied vor: *Tritt hervor, hier steht dein Liebster.* Papa kuckte nicht mehr verdrießlich, sondern wütend.

Will wandte sich an ihn. »Daniel, der Zug is voller Koks. Bloß is der keinen Penny wert, wenn er nich heut noch zum Hochofen kommt. Also muss die Ladung runter zur Bimmelbahn. Ich denk mir, ich kauf den Koks, schaff ihn so schnell wie möglich runter und verkauf ihn wieder.«

»Ich muss schon sagen, Will«, sagte Papa. »Du hast mehr Ideen an Geld zu kommen als sonst ein Mann, den ich kenne.«

»Danke für das Kompliment. Ich nehm mir, was immer ich will.«

Mama warf Papa einen schrägen Blick zu.

Will fuhr fort: »Wenn ich ein paar Fuhrwerke auftreiben könnte, mit Kutschern, dann würd sich das bezahlt machen.«

»Was bietest du?«, fragte Papa.

»Na – dir fünf Dollar. Pferd und Wagen für ein Tag.«

»Das ist mindestens sieben Dollar wert«, wandte Mama ein.

Will verzog den Mund. »Also gut. Ich hab keine Zeit zum Streiten.«

»Warte, Will. Ich werde nichts heben oder schaufeln.«

Er kann keine Schaufel mehr halten, dachte Toby Jane. *Seinem Rücken geht's schlecht und seine linke Hand zittert fast immer. Er kann nur noch im Garten arbeiten.*

»Ich kutschiere; du schaufelst und schleppst«, sagte Daniel.

»Für sieben Dollar?«

»Sechs.« Sie gaben sich die Hand.

»Im Voraus«, sagte Papa.

Ein Schatten flog über Wills Gesicht. »Im Voraus! Ich hab doch mein Geld noch gar nich!«

»Ich erinnere mich an das Schwein!«, sagte Papa.

»War kein Schwein. War 'n Kalb.«

»Aha! Also erinnerst du dich auch dran?«

»Ach, Daniel, kannste das denn gar nich vergessen?«

»Nein.«

Als Will nach seiner Geldtasche griff, wandte sich Mama ab. Ihre Augen glänzten angesichts des plötzlichen Reichtums. Sie brauchten das Geld dringend.

Das Zugunglück war ausgestanden, niemand war wirklich verletzt, niemand brauchte ärztliche Hilfe, aber immer noch kamen Frauen herbei.

Will ritt durch die Menge um weitere Fuhrwerke zu finden. Er zwinkerte Toby Jane noch einmal zu, wendete sein Pferd und ritt zu den Häusern der L & N-Linie, wo es noch mehr Wagen gab.

»Ich knie vor dir, weil ich dich lieb«, sang er laut.

Wandte den Kopf um zu sehen, wie sie reagierte. Sie tat gleichgültig.

Aber Papa murmelte: »Will sollte seine Zunge im Zaum halten, sonst kotz ich ihm noch mal auf die Schuhe.«

»Wie bitte?«, fragte Toby Jane.

»Weißt du das nicht mehr?«

»Nein, Sir.«

»Als ich dich aus dem Fluss gefischt hab, stand Will auf der anderen Fluss-Seite, da, wo du warst, und er rannte auch am Ufer lang. Aber er hat keine Anstalten gemacht dich rauszuholen.«

»Kann er nicht schwimmen?«

»Klar. Wie 'n Krebs. Vielleicht wär er gesprungen, wenn ich dich verpasst hätte. Ich weiß es nicht. Er war auf dem Weg zu einer Frau und wollte sich seine schönen Schuhe nicht versauen.«

»Und dann hast du sie ihm versaut?«

»Ja. Und ich hab mich entschuldigt. Deshalb weiß er nicht, ob ich's mit Absicht getan hab oder nicht.« Sein Mund verzog sich zu einem Grinsen.

Aus Toby Jane platzten kleine Lachsalven heraus, sie konnte sich kaum beruhigen.

»Aber Papa! Du spuckst doch sonst nicht auf anderer Leute Schuhe!«

»Dein ständiges Gerede über Gerechtigkeit hat mich angesteckt.«

Sie hätte ihn gern umarmt, vor allen Leuten. Er schien das zu ahnen und wich zurück. Man umarmt sich nicht in der Öffentlichkeit.

Es war alles aufgegessen. Langsam löste sich die Menge auf. Fröhliche Abschiedsrufe hallten durch die Berge.

Toby Jane würde diesen Tag nicht vergessen. Papa hatte sich mit bitterer Miene an Will verdingt. Mamas Augen hatten geglänzt, als Will bezahlte. Will war schon jetzt reicher als Toby Janes Vater.

Am letzten Tag im August ritten Will und Aaron Carter schweigend den mächtigen Powell Mountain hinunter um mit den Durhams über ihre Apfelfarm zu verhandeln. Es war Wills Geschäft, nicht das seines Vaters. Aber Aaron war um eine Generation näher mit den Durhams verwandt. Das verhalf Will zu dem nötigen Respekt.

Will hatte inzwischen jeden Zoll der durhamschen Farm untersucht, wozu Daniel nie Zeit gehabt hatte. Die Durhams konnten lesen und schreiben, Unterricht geben und der Erde Nahrung abringen, wobei sie sich ihre Knochen schindeten. Will dagegen konnte Land wie ein aufgeschlagenes Buch lesen. Er sah keine Gelbbirken, er sah Holzmeter.

Er nahm vom Grundstück der Durhams, was er brauchte: Einen Hirsch, dessen erschrockenes »Waff« ihn vor seine Flinte gebracht hatte. Eine kleine, unbewohnte Senke, die ihm ein zerlumpter Farmer gut bezahlte, damit er dort für seine Familie ein Blockhaus bauen konnte. Genug Pfeifenton, um jeden Mann und jede alte Frau im Landkreis ein Leben lang mit Pfeifen zu versorgen. Will verkaufte einiges davon zum Weißen des Leders an die Gerberei in Laurel Gap.

Und jetzt würde er die Kohleflöze bekommen, die auf einem Stück Land lagen, das Daniel als wertlos betrachtete. Zwei, drei, vier Flöze, einer war über einen Meter dick.

Daniel war auf der Suche nach Kräutern wahrscheinlich daran vorbeigegangen, blind wie eine Fledermaus, was die Kohle betraf. Er hatte einfach nicht die richtige Einstellung.

Es war *Wills* Kohle. Nicht sein Land. Seine *Kohle*. Heute wollte er seinen Anspruch geltend machen. Er hatte sie gefunden. *Wer was findet, dem gehört's. Na ja, mir und Henry Dunn.*

Er würde Toby Jane zu sehen bekommen, die schöne Toby Jane. Bald würde er auch auf sie seinen Anspruch geltend machen.

Amanda Wright wollte Will dieses Mal nicht besuchen. Doch sie würde ihm fehlen. Für ihn war ihr wilder Blick zahm geworden. Will hatte sich von seinen drei anderen Frauen in Crane Creek getrennt.

Aaron und er ritten ins Tal hinein.

»Mein Gott, wir könnten uns eine Bahnfahrt leisten!«, sagte Aaron plötzlich.

Aber Will hatte darauf bestanden, dass sie zu Pferde eintrafen, wie bescheidene Leute vom Land, denen die Durhams sich überlegen fühlen konnten. Und Will hatte auch darauf bestanden, dass sie sich anständig anzogen um Mattie zu beeindrucken. Sie trugen Hemdkragen, gute Hüte und geknüpfte

Westen ohne Jacken. Will kleidete sich in letzter Zeit ausgesprochen elegant. Er wollte, dass die Durhams das sahen.

Sie trafen Daniel bei einer albernen Tätigkeit an, die ihm nicht einen Cent einbringen würde: Er war dabei, von seinem Haus bis zur Bimmelbahnbrücke einen schmalen Weg aus Bruchziegeln anzulegen.

»Hallo, Daniel!«, rief Aaron so laut, dass seine Stimme das Klappern der Hufe auf der Bimmelbahnbrücke übertönte.

Daniel richtete sich langsam auf, blieb mit hängenden Schultern stehen. Sein Lächeln war schmerzverzerrt. »Tag auch, Aaron. Tag, Will.« Er schaute auf sein Werk hinunter. »Die Mädchen machen sich die Schuhe kaputt, wenn sie in die Stadt gehen.«

Daniel verwöhnte seine Frauen.

Will beugte sich jovial lächelnd vor um Daniel die Hand zu reichen. »Komm, Daniel, lass mich das für dich erledigen und du machst eine Pause«, schlug er vor.

»Nein, nein, das hat keine Eile. Kommt nur rein.«

»Ich bin hier, weil ich dir Bargeld für das Stückchen Land da oben auf unserm Berg anbieten will«, sagte er.

Unser Berg. Das klang, als wäre Daniels Teil völlig unbedeutend.

»O ja?« Daniel warf ihm einen jener eindringlichen Blicke zu, die Will auch von Toby Jane kannte. Jedes Mal, wenn ihre blauen Augen ihn so ankuckten, traf es ihn wie ein Schlag. Das war schon so gewesen, als sie noch ganz klein war. »Na, dann kommt mal rein. Reden wir drüber.«

Schon war der schwierigste Teil erledigt, problemlos. Daniel wollte verkaufen, jetzt musste nur noch Mattie zustimmen.

Will behielt sein mildes, entspanntes Lächeln bei.

Daniel zuckte bei jedem Schritt zusammen. Seine linke Hand zitterte wie ein gefangener Vogel.

Die Frauen in der Küche ließen die Umarmungen und Begrüßungen ihrer Cousins über sich ergehen. Nur Toby Jane trat zurück, nickte aber höflich. Zwei zusätzliche Teller wurden aufgedeckt.

Will blieb fast die Luft weg, als er Toby Jane ansah. Bildschön!

Die Kohle is mir. Und Durhams Küken auch!

Er spürte ihren verwirrenden blauäugigen Blick, tat einen galanten Schritt nach vorn und stampfte mit jedem Fuß einmal kräftig auf die Dielenbretter.

»Tritt hervor, hier steht dein Liebster«, schmetterte er so dreist wie eine Katzendrossel.

»Mein Liebster biste aber nich!«, stellte sie fest.

Die beiden älteren Mädchen lachten leise. Will bewahrte die Fassung, wie bitter und hochmütig ihre Worte auch sein mochten. Er betrachtete ihre Schwestern. Große, schlanke, dunkelhaarige Frauen. Liza und Juliet. Unverheiratet. Er sollte eine von den beiden nehmen und nicht mehr drauf warten, bis diese vorlaute rothaarige Göre erwachsen war.

Toby Jane übersah ihn einfach. Summend ging sie um den Tisch und verteilte die Schüsseln mit dem Essen.

»Will möchte unsre Farm kaufen«, sagte Daniel zu Mattie.

»Stimmt«, sagte Will. »Is wahrscheinlich nich viel wert. Höchstens das bisschen Holz. Is aber schwer ranzukommen, so wie das Grundstück liegt.«

Mattie blieb ruhig, zurückhaltend.

»Setzt euch. Wir können beim Essen reden.«

Platten mit Huhn und Schweinefleisch, Kartoffeln und Süßkartoffeln machten die Runde und es wurde stiller am Tisch. Daniel und Mattie blickten sich immer wieder an. Schließlich übernahm Mattie die Verhandlung. »Der Holzbestand ist zum großen Teil vollkommen unberührt«, sagte sie. »Wir konnten uns nie überwinden viel Holz zu schlagen, aber uns war klar, dass wir es eines Tages tun müssten.«

Sie isses, die ich rumkriegen muss.

»Es ist eine Farm, weißt du«, sagte Mattie. »Nicht einfach bloß ein Stück Land. Wir lieben sie, haben sogar Heimweh nach Crane Creek. Aber es wurde einfach zu viel für uns.«

»'türlich war's das«, sagte Aaron. »Ich hab euch immer bewundert, wie ihr das geschafft habt.«

»O ja«, sagte Will, »eine schöne kleine Farm. Man sieht, wie viel Arbeit ihr reingesteckt habt.«

»Kann mal wohl sagen«, sagte Aaron. »Ihr habt all die Bäume angepflanzt, wo's weiter nichts gab wie Bucheckern und Maiäpfel. So war's doch, Daniel?«

Halt's Maul, Alter.

»Genau so. Alle haben geholfen.«

»Eine schöne kleine Farm«, sagte Will. »Aber ich red von Geld. Äpfel bringen dieses Jahr nich viel ein. Fast gar nichts.«

Mattie lehnte sich über ihren Teller und sah ihm in die Augen. »Reich ihm das Apfelmus, Juliet.«

Er probierte das Apfelmus, spürte, wie sich vor Freude an dem guten Geschmack unwillkürlich seine Augenbraue hochzog. Alle schauten still zu.

»Möchtest du auch was, Aaron?«

»Danke, das is wirklich nich nötig.« Er nahm sich reichlich.

»Sag mir nicht, dass unsere Äpfel nichts bringen«, sagte Mattie. »Sie sind gut und sie ernähren uns. Möchtest du Gebäck zum Apfelmus, Aaron?«

»Nich nötig«, sagte Aaron und griff sich zwei Kekse.

»Sicher, ihr habt die Äpfel«, stimmte Will zu. »Und ihr macht das Beste draus. Aber ich will nich über Äpfel reden, sondern über Geld. Geld. Mit Äpfeln könnt ihr keine Hypothekenzinsen bezahlen.«

Die Hypothek. Aha, das war das Stichwort. Alle, sogar Toby Jane, schauten ihn schweigend mit düsteren Mienen an. Tja. Wie sollten sie dieses Haus halten? Daniel war praktisch am Boden. Will wusste, dass die Durhams einen Doktor aus Bristol hatten kommen lassen. Daniel und seine Zitterhand. Er hatte genug damit zu tun, sich um dieses Haus zu kümmern, von der Apfelfarm ganz zu schweigen.

Eine bedrohliche Situation, keine Frage.

»Is bestimmt nich leicht für euch, dass ihr immer nach Crane Creek rauf müsst. Und die jungen Damen wollen wohl auch mal Schule halten wie ihr Daddy. Weißt du noch, Daniel? Wie du unterrichtet hast? Die Mädchen sollten aufs Seminar gehen und Lehrerin werden.«

Juliet blickte plötzlich auf, sie musterte Wills Gesicht. Sie hatte einen Schreck bekommen.

Aha. Das war ein Treffer. Die will Lehrerin werden.

Toby Jane schlug mit der Hand auf den Tisch. »Du willst uns bloß Angst machen!« Sie langte nach dem Maisbrot und warf Will einen kühlen, unbeteiligten Blick zu.

»Ach was!«

»Das tust du aber«, sagte Aaron. »Will, lass das düstere Gerede.«

Will musste nachgeben. Das merkte er. Er lächelte Toby Jane zu, spitzte die Lippen und pfiff: *Tritt hervor, hier steht dein Liebster.*

Aaron, der nicht wusste, wie lange Will schon so derb um Toby Jane warb, war der Einzige, der lachte.

»Mama«, fragte Toby Jane, »darf Besuch bei Tisch pfeifen, wenn wir das nicht dürfen?«

Mattilda blickte Will ruhig an und sagte: »Das reicht, Toby Jane.«

»Wie alt bist du jetzt, mein Schatz?« Will ließ nicht locker.

Toby Jane schaute kurz zu ihm hinüber und aß weiter.

»Sie ist sechzehn«, sagte Juliet. Außer Bitte und Danke waren das ihre ersten Worte bei Tisch. »Sie ist noch zu jung, ihr darf noch keiner den Hof machen. Ich bin schon siebzehn und Mama lässt mich auch noch nicht.«

Sie werden grantig, dachte Will. *Das heißt, ich hab sie mächtig getroffen. Daniel ist fertig und sie wissen es.*

»Ihr könntet genug für Crane Creek kriegen um 'nen großen Teil von der Hypothek abzuzahlen. Oder euch sogar in Laurel Gap 'n kleineres Haus suchen. Macht weniger Arbeit.«

Daniel warf Mattie einen kurzen Blick zu.

Die haben schon an ein kleineres Haus gedacht!

»Wir werden es uns überlegen«, sagte Daniel höflich. »Es wär sicher schwer die Farm aufzugeben. Ich hab sie von meinem Vater. Und sein Vater hat sie während der Amtszeit von Madison bekommen, vor fast hundert Jahren. Ich würd sie nur ungern verkaufen.«

»Ich geb dir drei Dollar pro Acre. In bar, wo du doch mein Cousin bist«, sagte Will.

»Drei Dollar pro Acre?«, sagte Daniel. Er gab ein würgendes Geräusch von sich.

Will sprach schnell. »Ich hab vor 'ne Straße zu bauen, fürs Holz. Das allein kostet schon ein Vermögen.«

»So kommen wir nicht ins Geschäft«, sagte Daniel. »Drei Dollar pro Acre! Pah! Weniger als vierhundert Dollar! So viel kriegen wir in zehn Jahren an Pacht. Und dafür das Obst und Gemüse aufgeben! Nein, Sir. Ich könnte auch Bäume schlagen. Holz rausholen. Wär nicht das erste Mal.«

Mattie schwieg.

»'türlich, ich bin ja schon still«, sagte Will. »Ich brauch das Land nich unbedingt. Kann genauso gut was auf der andern Seite von uns kaufen.«

Sorgen durchfurchten Daniels Gesicht. Er sackte in sich zusammen, tief in Gedanken versunken.

»Vielleicht ist Kohle auf unserem Land?«, sagte er.

Will glaubte nicht richtig gehört zu haben. Hatte Daniel ihn bloß zappeln lassen?

»Ach, glaub ich nich. Hast du was gesehn?«

»Nein. Aber am Yellow Creek ist Kohle gefunden worden.«

»Hab ich auch gehört.«

»Du weißt nichts von Kohle auf meinem Land?«, fragte Daniel noch einmal.

»Nein, Daniel. Ganz bestimmt nich. Hätt ich doch gesagt, das weißt du doch.«

»Und du gibst mir die Hand drauf?«

»Aber ja. Sicher doch.«

Sie standen auf und gaben sich quer über den Tisch die Hand. Eine Abmachung zwischen ehrenhaften Leuten. So verlässlich wie eine schriftliche Vereinbarung.

»Wir haben zu viel geredet«, sagte Daniel.

»Das stimmt«, sagte Aaron. »Also, still jetzt, Will, und lass uns über das Wasserresevoah reden. Meinst du, das funktioniert, Daniel?«

Daniel lachte zum ersten Mal, seit sie gekommen waren. »Möglich. Weißt du, was sie jetzt machen? Sie lassen alles Wasser ab und dichten den Boden mit Lehm ab.«

»Ach Gott. Hält das denn?«

»Ich glaub nicht. Wir sind froh, dass das Frühjahr so kühl war.«

Wird Zeit, dass wir verschwinden, dachte Will. *Sollen die mal 'ne Weile über das viele Bargeld nachdenken. Und geb's Gott, dass Daniel nich drauf kommt, sich Zeit zu lassen, und auf der Crane-Creek-Farm herumstromert.*

Und womöglich die Kohle findet.

Die Durhams mussten sich entscheiden, ob sie die Crane-Creek-Farm verkaufen wollten oder nicht. Toby Jane hatte das Gefühl, dass ihr Vater wegen dieser Entscheidung immer kränker wurde.

Es tat weh zu sehen, wie Papa Stunde um Stunde auf einem Stuhl im Garten verbrachte. Hin und wieder bückte er sich um ein Unkraut herauszuziehen. Er arbeitete, wenn ihm jemand etwas brachte, das er im Sitzen reparieren konnte. Mittlerweile hatte er jeden Schuh im Haus geflickt und poliert, bis auf einen, den er für alle Fälle zurückbehielt. Manchmal setzte er sich dorthin, wo Mama gerade arbeitete, und sie unterhielten sich miteinander. Mama schien der einzige Mensch auf der Welt zu sein, der Papa aus seiner Versenkung holen und ihn dazu bringen konnte zu sagen, was er wollte. So sollte es in ihrer eigenen Ehe später auch werden, beschloss Toby Jane.

Schließlich, am Abend des ersten Septembers, sprach die Familie über Wills Angebot. Alle schüttelten angewidert die Köpfe. Es war keine besonders große Summe für ein so herrliches Fleckchen Erde.

»Alles, was wir hier sagen, bleibt in der Familie«, warnte Mama, »Will Carter gehört aber nicht dazu.«

Worauf alle lachen mussten und Robert McIvor anschauten, der Liza besuchen gekommen war.

»Vielen Dank«, sagte Robert. »Ich bemüh mich schon lange, mal zur Familie zu gehören.« Liza kicherte.

»Will hat den Nagel auf den Kopf getroffen«, sagte Papa. »Wir haben überlegt Bruces Haus zu kaufen.«

»Bruces Haus? Welches ist das?«, fragte Liza.

»Das kleine Haus, drüben, in der Nähe des südlichen Powell-Arms, ein Zimmer breit, zwei Stockwerke hoch.«

Toby Jane schnappte nach Luft, als ihr klar wurde, welches Haus das war. Ein kleines Grundstück, da konnte man überhaupt nicht richtig wirtschaften.

»Jetzt wartet ab«, sagte Papa. »Wir wollen noch nicht da einziehen. Wir werden es vermieten, und wenn mein Rücken so schlimm wird, dass wir kein

Gemüse mehr anbauen und kein Vieh mehr halten können, dann ziehen wir dorthin.«

Toby Jane kroch es eiskalt über den Rücken. *Papa ist krank. Er ist am Sterben.*

»Sie kaufen das Haus und ich miete es«, sagte Robert.

Ihre Eltern tauschten Blicke. »Ich wüsste nicht, was dagegen spräche«, sagte Mama.

»Fünfzig Dollar im Jahr?«, fragte Papa Mama und Robert.

»Prima«, antworteten beide.

Robert und Papa schlugen ein.

»Seht ihr, wie leicht es ist ein Haus zu vermieten?«, sagte Papa. Er schaute plötzlich Toby Jane an und sagte: »Ich denk noch lange nicht dran zu sterben. Aber ich will, dass meine Frau ein bezahltes Haus besitzt und sich keine Sorgen machen muss, dass sie es verlieren könnte.«

Meine Frau. Ihr Vater sprach, als lese er einen Liebesbrief vor, förmlich und voller Hochachtung.

»Das hört sich ja gruselig an«, sagte Toby Jane.

Papa nickte.

»Wenn es wirklich schlimm kommt, könnte deine Mutter dieses große Haus verkaufen und in das kleine ziehen. Wenn nur eine von euch in der Schule unterrichtet und bei ihr wohnt, hätte sie genug zum Leben.«

Toby Jane wurde übel. Sie wollte nicht Lehrerin werden. Bedeutete dies, dass sie nicht bei Mama wohnen konnte? Und würde Papa sterben? Ihr Herz polterte dumpf.

»In dem Haus ist Platz für uns alle, Toby Jane«, sagte Mama. »Es sieht klein aus, ist nur ein Zimmer breit, aber im Erdgeschoss sind vier Räume und oben drei.«

»Und Bruces Haus ist in gutem Zustand«, fügte Papa hinzu. »Im Garten stehen drei Apfelbäume und ein paar Weinstöcke. Der Boden dort ist besser als unserer. Schwarze Flusserde. Da wächst wunderbares Gemüse. Wir könnten gerade so hinkommen.«

Toby Jane betrachtete die nüchternen Gesichter ihrer Eltern. Papa sorgte sich darum, wie Mama wohl zurechtkäme, wenn er immer hilfloser würde. Mama wiederum sorgte sich, weil Papa sich so viele Gedanken machte, sie hatte Angst, sein Zustand könnte sich dadurch verschlechtern.

»Warum müssen wir das alles so zerreden?«, fragte Juliet.

»Weil wir den Handel abschließen wollen«, erklärte Mama. »Aber wir wollen auch wissen, was ihr darüber denkt.«

»Darf ich auch was sagen?«, fragte Toby Jane.

Aller Augen wandten sich ihr zu.

»Selbstverständlich«, sagte Papa.

»Was bleibt uns anderes übrig?«

Papas Gelächter klang wie ein Schluchzen. »Mattie und ich reden fünfzehn Minuten lang und du bringst die Sache mit einer Frage auf den Punkt.«

Das war's. Sie konnten gar nichts anderes tun als es hinter sich bringen. Alle nickten.

»Also gut«, sagte Mama. »Wir gehen die Äpfel ernten und verkaufen die Farm.«

Papa schrieb gleich einen Brief an Will und teilte ihm mit, dass die Familie am Montag in Crane Creek sein würde. Sie würden ihm die Farm für fünfhundertvierundzwanzig Dollar in bar – und keinen Cent weniger – verkaufen. Am Montagabend würden sie sich das Geld bei ihm abholen.

»Was ist mit Bruces Haus?«, fragte Juliet. »Sollten wir es nicht lieber kaufen, bevor es sich jemand anders schnappt?«

Papa lächelte. »Ich habe mit Mr. Bruce gesprochen und ihm gesagt, ich würde mich mit meiner Familie beraten. Wir haben uns die Hand drauf gegeben. Wenn ihr zustimmt, stimmt er zu.«

Toby Jane schwang sich aufs Pferd und brachte den Brief zur Post. Will würde ihn Montag morgen bekommen. Er hatte behauptet, er hielte das Geld bereit.

Montag früh um zwei Uhr weckte Mama sie.

Sie setzten sich auf den Wagen und brachen zu der langen Fahrt nach Crane Creek auf. Die Sonne war längst aufgegangen, als sie vor ihrem alten Blockhaus vorfuhren.

Die Pächter waren verschwunden. Daniel zuckte mürrisch die Achseln. »Die Pacht war fällig«, sagte er.

»Was soll's?«, sagte Mattilda. »Dann brauchen wir sie nicht in den Vertrag aufzunehmen.«

Erst jetzt, als sie da waren, sprachen sie miteinander über das Heimweh, das sie alle nach der Farm verspürt hatten. Toby Jane versank in der Atmosphäre ihres alten Hauses, wo sich Mama und Papa nach dem Krieg niedergelassen hatten. Beiden war im Krieg Entsetzliches widerfahren, aber niemand hatte Toby Jane je geschildert, was wirklich geschehen war.

Sie wusste nur, dass Mama im Krieg ein unaussprechliches und unverzeihliches Leid zugefügt worden war und dass Papa in der Armee der Konföderierten vor Hunger beinahe gestorben wäre. Ein blauäugiges Skelett in einer zerlumpten Uniform, so hatte Mama ihn damals genannt.

Die Apfelfarm hatte beide geheilt. Dort waren ihre Kinder geboren worden und aufgewachsen. Toby Jane empfand eine zärtliche Zuneigung für die alte Farm. Ein Zuhause gab man nicht einfach auf. Auch wenn man weiterzog, ein neues Heim fand, vergaß man doch das alte Zuhause nie.

Toby Jane kletterte sofort in die Spitze einer der Apfelbäume. Sie war die beste Pflückerin der Familie, hatte vor langer Zeit herausgefunden, wie schön der Platz ganz oben im Baum war. Sie warf die schönsten, besten Äpfel in die offenen Hände ihres Vaters. Mama packte diese ausgewählten Äpfel sofort in eine mit Stroh ausgelegte Kiste. So würden sie den Transport unbeschadet überstehen. Kleinere Früchte oder solche mit braunen Stellen kamen in den langen Sack an Toby Janes Schulter. Diese würden sie morgen einmachen oder zu Apfelkonfitüre zerkochen.

Während der Apfelernte kramten sie alle alten Witze aus der Zeit auf der Farm heraus und Toby Jane hatte den Eindruck, als hätten sich alle immer nur über sie lustig gemacht.

Sorgfältig, aber doch in aller Eile pflückten und verpackten sie die Äpfel und bald waren sie zu müde zum Reden. Die Arbeit und die Sonne brachten sie ins Schwitzen. Sie schufteten bis Mittag, machten eine kurze Pause und legten wieder los.

Es dämmerte, als sie zu Aarons Haus kamen.

»Bleibt hier, Mädchen«, sagte ihre Mutter. Daniel und sie gingen hinein.

Toby Jane lehnte sich an den Kutschbock und döste. Als ihre Eltern zurückkamen, hörte sie die Stimmen von Aaron und Will. Und Will pfiff leise: *Tritt hervor, hier steht dein Liebster.* Toby Jane behielt ihre Augen geschlossen.

Der Wagen rollte auf die Straße. Toby Jane hörte Juliet fragen: »Habt ihr das Geld?«

Mama erwiderte mit zufriedener Stimme: »O ja!«

Als Toby Jane schließlich zu Hause im Bett lag, träumte sie von Äpfeln. Überall sah sie wunderschöne Limbertwig-Äpfel, rot und braun gesprenkelte, harte, saftige Äpfel, die nur einen Zoll außerhalb ihrer Reichweite tanzten, und im Schlaf streckte sie sich vergeblich nach Cox Orange oder Peter Greens oder den hellbraunen Rusty Coats, den besten Äpfeln weit und breit.

In den nächsten beiden Tagen machten sie zusammen mit Neil und Rhodie so viel Apfelkonfitüre, dass sie bestimmt zwei Jahre lang davon essen konnten. Sie schälten und viertelten die Äpfel, füllten sie in den Messingkessel, brachten sie unter ständigem Rühren zum Kochen, fügten weitere Äpfel hinzu, schoben Holz ins Feuer, hackten mehr Holz. Dann ließen sie die Äpfel langsam vor sich hinköcheln und füllten den Kupferkessel auf einem zweiten Feuer. Stunde um Stunde rührten sie. Schließlich kam Neils guter Zuckerrohrsirup hinzu und sie hatten die beste Apfelkonfitüre, die Toby Jane je zu kosten bekommen hatte.

Am Donnerstag und am Freitag putzten sie Bruces Haus und bereiteten es für Robert McIvors Einzug vor.

Als es Sonnabend wurde, hatten die Durhams die härteste Arbeitswoche hinter sich, an die sie sich erinnern konnten. An diesem Tag ruhten sie sich aus, buken nur das Brot für die folgende Woche.

So hatten sie ihre Farm verkauft und das Haus der Bruces erworben. Robert bezog es und baute auf eigene Kosten ein Badezimmer ein. Die Apfelfarm verbannten sie ganz energisch aus ihren Gedanken.

Im Oktober, dem eigentlich so heiteren Monat des bunten Altweibersommers, musste die Familie Durham zwei schwere Schläge hinnehmen.

Der erste war ein Trauerfall in der Familie.

Papa hatte seinen Paw verloren und das tat ihm sehr weh, wie Toby Jane an dem schmerzlichen Ausdruck seines Gesichts ablesen konnte. Aber verstehen konnte sie nicht, warum Papa so sehr trauerte. Grandpa war alt gewesen. Warum sollte er nicht sterben dürfen?

Und kurz danach, als Toby Jane mit Papa und Neil Morris Bienenstöcke baute, kam der zweite Schlag.

Bienenstöcke konnte Papa noch bauen, aber er zog nicht mehr los um Ginseng oder andere Kräuter zu suchen.

Die drei Stechbeitel raspelten rhythmisch.

Neil hatte den hohlen Stamm eines Waldtupelo-Baumes gefunden, der sich geradezu anbot zu Bienenstöcken verarbeitet zu werden. Dazu höhlte man die länglichen Stammabschnitte völlig aus und versah sie mit Querstreben, an die die Bienen ihre Waben hängen konnten. Am Ende wurden die fertigen Stöcke auf hölzerne Plattformen gestellt, so dass die Bienen sie im Frühjahr beziehen konnten.

»Dein Daddy fehlt dir, nehm ich an«, sagte Neil und sprach Papa damit direkt auf dessen stillen Kummer an. Noch nicht einmal mit Mama hatte er über den Tod von Grandpa reden können.

Pause.

»Ja. Er fehlt mir. Ich hab ihn nicht oft gesehen. Aber ich wusste immer, dass er da war.«

Papas kleine Ansprache hatte etwas Endgültiges an sich, als gäbe es nichts mehr zu sagen.

Es tat ihrem Vater wohl mit Neil arbeiten zu können. Neil war ein guter Freund mit einem sanften, bärtigen Gesicht und ein kluger Mann dazu.

War Neil ihm so nah, wie sein Paw es gewesen war? Nein. Daniels Paw war der einzige Mann gewesen, der ihn angenommen hatte, wie er war, ohne Abstriche. Das hatte Papa jedenfalls immer behauptet.

Neil hatte nur ein Kind, eine Tochter. Rhodie. Die beste Lehrerin der Schule. Und das würde sie auch bleiben, bis Juliet zurückkam um zu unterrichten. Juliet studierte inzwischen am College in Farmville und seitdem erzählte Toby Jane allen Leuten: »Meine Schwester ist am College. Nicht im Lehrerinnenseminar, am College!«

»Rhodie is am liebsten in der freien Natur«, plauderte Neil. »Kann den Winter nich ertragen. Sogar einen Herd hat sie draußen, hinterm Haus, mit 'nem Dach drüber. Kann's gar nicht abwarten, bis sie wieder draußen kochen und im Garten arbeiten und Bienen halten kann. Macht sie alles prächtig.«

»Stimmt. Sie hat den schönsten Garten der Stadt«, sagte Papa.

Papa würde lieber schweigen, dachte Toby Jane plötzlich. *Er antwortet nur aus Höflichkeit.*

Während sie raspelte, dachte sie über Papas Trauer um seinen Vater nach. In sein Notizbuch hatte er geschrieben: *1. 10. 1906 – Hunter Durham gestorben.*

Papa betrachtete seinen Bienenstock. »Welche

Biene könnte diesem Stock widerstehen?«, fragte er Neil.

»O ja, der is wunderschön. Komm, wir stellen ihn auf, dann is schon mal einer fertig.« Sie bauten ihn neben einem alten Bienenstock auf und zogen die Querverstrebungen ein. Schließlich kanteten sie ihn mit Hilfe einiger Kieselsteine, damit die Bienen ein und aus krabbeln konnten.

Papa rollte einen weiteren Stammabschnitt herbei und machte sich an die Arbeit.

»Wie kommst du voran, Toby Jane?«, fragte er.

»Prima.«

Sie trat zur Seite, damit er ihr Werk betrachten konnte.

»Sieht gut aus.« Er lächelte sie an. Papas blaue Augen, sein geduldiger Blick, seine hängenden Schultern erinnerten Toby Jane plötzlich an ihren schlaksigen Großvater. Ein tiefer Schmerz durchfuhr sie und sie dachte: *Ach, Grandpa. Ich will meinen Daddy auch nicht verlieren, niemals.*

Neil nahm das Gespräch wieder auf.

»Will Carter hat 'nen großen Kranich geschossen. Hast du's gelesen?«

»Ja. Will behauptet, Kraniche bringen Unglück. Aber viel wichtiger ist ihm, dass sein Name in der Zeitung steht.«

»Na ja, wenigstens wird dir das Land, das du ihm verkauft hast, 'nen ordentlichen Batzen Geld bringen.«

So kündigte sich der zweite Schlag an.

Toby Jane bemerkte den erschrockenen Ausdruck im Gesicht ihres Vaters, sah, wie er langsam ausatmete.

Irgendwas stimmte hier nicht.

»So, meinst du?« Papas Stimme klang normal.

»Die Grube hat einfach alles. Liegt nicht weit weg von der N & W-Bahn. Birgt die beste Kohlensorte der Südlichen Appalachen. Heißt es jedenfalls. Die Flöze von Imboden, von Upper und Lower Banners, Kennedy und Edwards laufen da durch den Berg. Also, das hab ich noch nie gehört, dass mehr als ein oder zwei gute Flöze an einer Stelle zu finden sind. Verlaufen vollkommen gerade. Ohne Unterbrechung.«

Neil schüttelte den Kopf.

»Auf eurer alten Farm, da is die Kohle regelrecht am Sprudeln, wie 'ne Quelle. Sogar Eisenbahngleise werden dahin verlegt.«

Nun schaute er Papa besorgt an.

»Ich hoff doch, du hast das Land für 'nen fetten Batzen verkauft und einen Anteil an den Schürfrechten behalten.«

Papa war wie vom Blitz getroffen. Stumm. Zu schockiert um zornig zu werden.

»Papa«, sagte sie. Er starrte mit leerem Blick erst sie an, dann Neil.

»Die Crane-Creek-Kohlegesellschaft«, fuhr Neil fort. »Die Carter-und-Dunn-Kohlegesellschaft. Will hat das ganze Land drum herum gekauft. Hat alles aufgeteilt, eine Reihe von Gesellschaften gegründet, alle mit eigenen Sachwaltern. Wenn eine keinen Erfolg hat, dann eben eine andere. Will

Carter und Henry Dunn werden im Geld schwimmen. Du auch, hoffe ich.«

Eine Frage, keine Feststellung.

Papa sah elend aus. Toby Jane wusste, was er dachte. Er war ein Narr und hatte ein Vermögen verschenkt. Das konnte er Neil gegenüber unmöglich zugeben.

Papa brachte keine Antwort heraus.

Toby Janes Gehirn ratterte wie wild.

Wie war das? Wir haben die Farm am ersten Montag des vergangenen Monats verkauft. An dem Tag war von Kohle keine Rede. Das ist sechs Wochen her. Kann Will innerhalb von sechs Wochen Kohle gefunden haben?

Ja.

Kann er in der Zeit Firmen gegründet haben?

Nein.

Und das nötige Geld zusammenbekommen haben? Nein.

Er hat den Kohleabbau organisiert, bevor er Papa das Angebot gemacht hat!

Da gibt's keine Kohle, hat Will gesagt. Er hat Papa die Hand drauf gegeben!

Papa wandte sich ab.

Eben gerade bin ich erwachsen geworden, dachte Toby Jane.

Papa stand mit tief gebeugtem Rücken wie ein alter Mann.

Plötzlich bewegte er sich auf das Gartentor zu. War er verrückt geworden? Neil starrte ihm wortlos hinterher.

»Ich geh ein paar Schritte, Toby Jane«, sagte Papa.

»Ja, Sir.«

Es drängte sie ihn zu begleiten, seine Hand zu halten. Bei Gott, er brauchte jemanden, der das tat. Papa fing ihren Blick auf, schüttelte aber nur den Kopf.

Aus der Apfelfarm wurde jetzt eine schwarze Wüste! *Dieser VERDAMMTE Will. Ich kann den Gedanken an ihn nicht ertragen.*

Sie schaute ihrem Vater nach, der mit schleppenden Schritten auf dem gepflasterten Weg zur Bimmelbahnbrücke ging.

Am liebsten würde ich Will töten, dachte sie. *Aber ich muss es hinnehmen, genau wie Papa es tut.*

Will hat uns übers Ohr gehauen.

Papa wird niemals darüber reden können.

Toby Jane war fast täglich mit der Bimmelbahn unterwegs. Sie machte Besorgungen für die Familie oder fuhr zum Vergnügen um all die fremden Menschen zu betrachten. So lernte sie nach und nach alle Leute in der Stadt kennen.

Sie freute sich jedes Mal auf Hugh Stallard, den großen rothaarigen Jungen aus ihrer Klasse, der sich zu ihr gesellte, wann immer er sie in der Bahn entdeckte. Sie scherzten und lachten auf der Fahrt bis zum Hochofen und zurück. Es sei nichts Ernsthaftes, beeilte sie sich Mama zu sagen, als die Familie davon erfuhr.

Auch heute hielt Toby Jane nach ihm Ausschau,

als die Bahn an seinem Haus vorbeiratterte. Hugh war nicht zu sehen.

Die Bimmelbahn ... Der kleine Zug traf im westlichen Teil der Stadt auf die L & N-Linie und auf die Southern-Bahn im Osten. Er beförderte Fracht und Passagiere vom Hochofen zur Gerberei. Seine Lok zog einen Güterwagen und zwei Waggons für Passagiere – einen für Weiße, einen für Schwarze, was Toby Jane ärgerlich fand. Wenn eine schwarze Freundin mitfuhr, wurde man sofort getrennt.

Vielleicht, dachte Toby Jane, könnte sie eines Tages nach Übersee fahren – die Bimmelbahn hatte Anschluss an die großen Bahnlinien, die zu den Häfen mit den Passagierschiffen aus Europa führten.

Toby Jane schaute den Männern zu, die an den Gleisen entlangliefen, Landstreicher mit Bündeln auf den Schultern. *Darin befindet sich wahrscheinlich alles, was sie auf dieser Welt besitzen,* überlegte Toby Jane. Ein Gedanke, der schmerzte. Jeder einzelne dieser Männer tat ihr Leid. Unterwegs von nirgendwo nach nirgendwo.

Die Welt hatte sich verändert. Grandpa war tot und begraben. Die Apfelfarm war unter Preis verkauft worden und Will hatte sich auf Kosten der Durhams gesundgestoßen. Bislang war Papa noch nicht in der Lage gewesen mit seinen Kindern auch nur ein Wort darüber zu wechseln.

Papa und Mama stützten sich gegenseitig.

Liza wurde dünn, sie konnte kaum essen. Wegen

ihrer Liebe zu Robert McIvor und wegen ihrer Wut auf Will.

Juliet schickte aus dem College liebe Briefe an Papa. Sie erwähnte die Farm nicht ein einziges Mal. Mitunter kam Juliets alter Freund Eddie King zu Besuch und er spielte für Papa Lieder von früher. Niemand wurde dadurch wirklich froh, aber es störte auch keinen. Die Lieder vertrieben die Zeit.

Toby Jane war Eddie dankbar, sie verstand, dass er helfen wollte. Die Lieder spukten ihr noch lange im Kopf herum und manchmal summte Mama eine Zeile, wenn Toby Jane gerade selber an das Lied dachte.

Die Familie hatte das Lächeln verlernt.

In Toby Jane brodelte es wie in einem Teekessel auf dem Feuer.

Als die Bimmelbahn das L & N-Depot erreichte, beschloss Toby Jane zum Hochofen und zurück zu fahren. Das gab ihr Zeit um über die Stimmung zu Hause nachzudenken.

»Oh, kuckt doch nur mal den Berg an!«, rief eine Frau mit freudiger Stimme.

Toby Jane verschlug es fast den Atem, als sie die Farbenpracht erblickte. Orange ging über in Rot, Rot wurde zu Gelb und wieder zu Orange. Das bunte Laub der unzähligen Bäume tauchte den Stone Mountain in ein flammendes Farbenmeer. Der Berg lockte Toby Jane, weckte Sehnsucht in ihr. Sie liebte ihn wie einen Menschen.

Lokführer Eaton riss Toby Jane mit schrillem Glockengebimmel und lautem Tuten der Dampfpfeife aus ihren Gedanken. So grüßte er stets, wenn er am Haus der Durhams vorbeikam.

Aber da stand ja Papa am Tor, auf seinen Stock gelehnt, in seinem guten Anzug, den guten Hut auf dem Kopf. Wo wollte er hin?

Mama winkte von der Tür.

Papa drängte sich durch den Waggon zu Toby Jane. Alle wollten ihm die Hand schütteln, ihm auf die Schulter klopfen oder ein Lächeln schenken; sie wollten ihm zeigen, wie sehr sie ihn mochten und wie Leid es ihnen tat, dass er mit der Farm betrogen worden war und dass er so krank war.

Die Leute liebten Papa. Sie hatten allen Grund dazu, denn er verbrachte die Hälfte seiner freien Zeit damit, anderen beim Lesen oder Rechnen zu helfen. Oder er schrieb Briefe für sie. Für eifrige Leser fand er stets ein passendes Buch in seiner Sammlung.

Außerdem bewahrte er anderer Leute Schuldscheine auf. Eines Tages hatte er Toby Jane eine Lederschatulle voller Schuldscheine gezeigt, die ihm anvertraut worden waren. Auf jedem Bogen Papier stand ganz unten Papas Name als Zeuge. Der Freundschaftsdienst eines vertrauenswürdigen Mannes. Kein Wunder, dass sich die Hände nach ihm ausstreckten, als er auf Toby Jane zustrebte.

Unbewegt und mit einem gequälten Lächeln ließ Papa die aufmunternden Bekundungen der Mitreisenden über sich ergehen. Er zahlte beim Schaffner, der ihn begrüßte, als würden sie sich nicht beinahe täglich sehen. Papa setzte sich neben Toby Jane und griff nach ihrer Hand.

»Ich möchte die Ehre haben neben meinem Küken zu sitzen«, sagte er. Beide winkten Mama zu.

»Wo willst du denn hin?«

»In die Oststadt, Steuern kassieren. Magst du mit mir gehen?«

»Ja, Sir!«

Ihr Vater stieß mehrmals wütend mit seinem Stock auf. Er wollte ihr etwas sagen. Furcht kroch in ihr hoch.

»Wir sind um unsere Farm be … betrogen worden«, sagte er leise. Er stolperte über das Wort »betrogen«, brach ab und musste es wiederholen.

»Ich weiß, Papa.«

»Er hat gezahlt«, fuhr ihr Vater aufgewühlt, aber mit gedämpfter Stimme fort. »Er hat mir genug für schlechtes Ackerland bezahlt. Aber der Berg hinter dem Haus steckt voller Kohle, der besten Kohle der Welt, wie es heißt, und wir wussten nichts davon. Das Land ist hundert-, ja vielleicht tausendmal mehr wert, als wir bekommen haben.«

»Ich weiß, Papa.«

»Du weißt es?«

»Ja, Sir. Ich war dabei, wie Neil's dir erzählt hat. Will ist ein Betrüger. Er hat dir die Hand drauf gegeben. Er hat gesagt, da gibt's keine Kohle.«

»Du wusstest das?«

»Ja, Sir.«

Papa seufzte, erleichtert und niedergeschlagen zugleich. »Puh. Und ich hab versucht all meinen

Mut zusammenzunehmen, um es meinen Kindern zu sagen.«

»Wir wissen es alle.«

»Nun, die Kohle wird abgebaut. Will hat einen Geldgeber gefunden. Er wird reich, wir gehen leer aus.«

Sie waren an Neils Haus und an dem der Colliers vorbei, bevor einer von ihnen etwas sagte.

»Können wir uns nicht einen Anwalt nehmen?«

»Hab ich versucht. Hab mit Charlie Durham gesprochen und er hat mir die Geschichte von einem Mann erzählt, der Brand im Bein hatte. Sie brachten ihn zum Arzt, der sollte ihm das rechte Bein abnehmen. Der Doktor hat den Mann betäubt, ein Bein amputiert. Nach einer Weile wachte der Mann auf und schrie: ›Doktor, Sie haben mir das falsche Bein abgenommen!‹ Das war schrecklich. Furchtbar. Aber das brandige Bein musste trotzdem ab, also betäubte der Arzt den Mann noch mal und nahm ihm das zweite Bein ab. Nach einer Woche oder so wurde dem Mann klar, was geschehen war. Wütend wandte er sich an einen Anwalt, wollte den verflixten Doktor verklagen, ihm jeden Cent abknöpfen, den der besaß. Der Anwalt hörte sich die Geschichte an. Schließlich sagte er: ›Mann, halten Sie bloß den Mund. Sie haben doch gar kein Bein mehr, auf dem Sie stehen könnten.‹«

Toby Janes hysterisches Gelächter brach abrupt ab, als ihr klar wurde, was ihr Vater damit sagen wollte.

»Wir haben kein Bein, auf dem wir stehen können.«

»So ungefähr.«

Toby Jane zitterte vor Zorn.

»Was für eine Art Gerechtigkeit ist denn das?«

»Gerechtigkeit kommt nicht von selbst. Ich hätte so klug sein sollen mir die Schürfrechte zu sichern, und zwar schriftlich, mit Vertrag. Und ich hätte Wills Handschlag nicht trauen dürfen. Aber für mich war's das erste Mal, dass ein Handschlag nicht galt.«

»Papa, wenn wir unser Recht nicht kriegen, dann sorg ich dafür, dass wir quitt werden. Egal, wie.«

»Liebes, sag nicht so etwas. Das bringt doch nichts. Und es schickt sich nicht. Frauen nehmen keine Rache.«

Sie lehnte sich zurück und starrte ihren Vater erstaunt an. »Tun sie wohl. Ich bin eine Frau und ich will mich rächen.«

»Dann musst du dieses Gefühl unterdrücken.«

Sie schloss ihre Augen und konzentrierte sich darauf. *Schluss mit diesem bitteren Gefühl,* befahl sie sich selbst.

Trotzdem zitterte sie vor Wut. Und wenn sie daran dachte, wie hart Papa arbeiten musste um die Familie zu ernähren, wurde sie noch zorniger. Wenn er einen anständigen Preis für die Farm bekommen hätte, hätte sich Papa ein wenig Ruhe gönnen können.

Was für eine Schande! Ein Verwandter (ein entfernter Verwandter, Gott sei Dank) hatte ihnen das angetan. Zerschlug das Band, das er per Handschlag geknüpft hatte. Mit voller Absicht.

»Wenn jemand sein Wort gibt, dann muss er es halten«, sagte sie.

»Ja. So ist es seit jeher. Keine neue Idee.«

Toby Jane hatte das Bedürfnis zu schreien und zu fluchen. Sie wollte Will mit einem Baseballschläger verprügeln und mit einer Kartoffelhacke zerschmettern. Sie wollte ihn TÖTEN.

Während Papa die Steuern kassierte, brütete sie über Will Carter. Wie sie diesen unansehnlichen Dreckskerl hasste!

Nein, das stimmt nicht, korrigierte sie sich kalt. Will hatte ein vollendetes Gesicht, einen freimütigen Blick, witzig geschwungene Augenbrauen. Er musste eine gute Seite haben, die ihr verborgen geblieben war, denn niemand kann so hübsch sein ohne irgendeinen Wert zu haben. Trotzdem wünschte sie, sie könnte ihm ein Bein stellen, ihn den Berghang hinunterstoßen, dass er für immer zum Krüppel würde und stärkere Schmerzen litte als Papa.

Sie hatte plötzlich eine Vision. Sah eine mächtige, rothaarige, zornige Frau mit wilden Augen wie im Wahn durch ein fremdes Haus rennen.

»Papa, weißt du noch, wie du mich Boudicca genannt hast?«, fragte sie Papa auf dem Rückweg.

Papa zog die Augenbrauen hoch. »Ja.«

»Erzähl mir von ihr.«

»O nein, ich hab keine Lust diese alte Geschichte zu erzählen.«

»Du hast das Buch?«

»Ja.« Er schmunzelte. »Es ist auf Latein.«

»Mir egal. Ich will's lesen.«

»Hast du deine Lateinaufgaben für Montag erledigt?«

»Nein, Sir.«

»Tacitus ist schwer.«

»Mir egal, Papa. Ich will's lesen.«

Sie blickte ihn prüfend an. Es wäre das erste Mal, dass er ihr ein Buch verweigerte.

»Also gut.«

Sie lächelte, denn er schüttelte noch den Kopf, obwohl er schon zustimmte.

Zu Hause machte sie sich daran, das vierte Buch der Annalen des Tacitus zu übersetzen. Ein- oder zweimal gab sie wütend auf. Sie versuchte ihre Eltern zu beschwatzen, dass sie ihr halfen.

»Warum sollte ich?«, sagte ihre Mutter. »Ich halte sowieso nichts davon. Mach lieber deine Hausaufgaben.«

Toby Jane stürmte wie ein Herbstwind hinauf in ihr Zimmer. Sie las und las. Bilder entstanden in ihrem Kopf und die Geschichte nahm Form an. Die Geschichte einer Frau, die Rache genommen hatte.

Ihr Zorn machte Toby Jane das Übersetzen schwer; die Worte verschwammen vor ihren Augen, so dass sie immer wieder zurückgehen musste um den Text zu verstehen. Je mehr Toby Jane über diese wilde rothaarige Fürstin erfuhr, desto stürmischer wogten ihre Gefühle.

Boudicca, Fürstin der keltischen Icener in der römischen Provinz Britannia, war als Witwe in die Hände der römischen Soldaten geraten. Die ließen erst laut und vernehmlich die Peitsche durch die Luft sausen, dann banden sie die Fürstin, zogen ihr die Kleider vom Leib und peitschten sie aus.

Die Römer stahlen Boudiccas Besitz und taten ihren Töchtern Gewalt an, machten sie zu Spielzeugen ihrer Sklaven.

Als der Krieg vorüber war und die Soldaten abgezogen, nahm Boudicca ihre Töchter zu sich, damit sie sich gegenseitig stützen und stärken konnten. Jammern duldete Boudicca nicht, sie ließ ihren Töchtern keine Zeit sich dem Leid hinzugeben, denn sie wollte eine mächtige keltische Armee aufbauen. Um sich zu rächen.

Boudicca rief Tausende von Britanniern zu den Waffen und schwor ihnen, im Kampf gegen die Römer bis zu ihrem Tod an der Seite zu stehen. Sie führte das mächtige, ungeordnete Heer nach Camulodunum, einer Stadt der Römer.

Die Kelten metzelten die römischen Veteranen, deren Frauen, Kinder, Sklaven, Vieh, Hunde nieder. Sie zerstörten den römischen Tempel und töteten alle, die dort Schutz gesucht hatten.

Toby Jane tauchte aus der Versenkung ihrer stundenlangen, harten Übersetzungsarbeit auf.

Ich kann verstehen, warum Papa mich Boudicca nennt, dachte sie. *Ich BIN Boudicca. Ich fühle wie sie.*

Boudicca stand ihr so lebendig vor Augen, als

hätte sie selbst mit ihr gesprochen. Sie sah Boudicca in einer Hütte rasten, die genauso viel Schutz vor Regen bot wie das Blockhaus, in dem Toby Jane lebte. Riedgras deckte das Dach über Boudicca. Durch ein Loch zog der Rauch ab.

Toby Jane sah Boudicca aufblicken und lächeln, weil im Dach ein paar dumme Spatzen tschilpten. Toby Jane hörte sie auch. Jemand brachte etwas zu essen und Boudicca aß.

»Oh, mein Gott«, sagte Toby Jane laut. »Ich muss sofort was zu Essen kriegen, vorher kann ich keine Zeile mehr lesen.«

Sie tappte die Treppe hinunter. Ihre Familie saß am Abendbrottisch.

»Ich hab mir gedacht, dass du auftauchst, wenn du Hunger bekommst«, sagte ihre Mutter.

»Mein Magen hat mir gesagt, dass Essenszeit ist.«

Im gusseisernen Topf war Hühnersuppe und es gab geröstete, mit Butter bestrichene Brötchen, Apfelkonfitüre und Gebäck. Jede Menge Köstlichkeiten.

Toby Jane hatte das Gefühl randvoll mit Wissen zu sein. Sie wollte ihren Vater auf die Probe stellen.

»Papa, hast du schon mal was von Camulodunum gehört?«

»Colchester, England«, antwortete er prompt. »East Anglia. Die älteste Stadt Britanniens. Eine römische Stadt. Vernichtet von Boudiccas Armee. Tausende von Toten. Zerstörung des Claudius-Tempels. Auf seinen Grundmauern steht jetzt die größte Zitadelle Englands.«

»Papa«, seufzte Toby Jane, »musst du wieder alles wissen? Was ist denn eine Zitadelle?«

»Eine Festung.«

»Aha.«

Sie war enttäuscht. Papa wusste so viel, dass ihr ihre gewaltige Übersetzungsarbeit auf einmal belanglos vorkam.

»Wo liegt Colchester?«

»Ein Teil von England ragt wie eine riesige Faust in die Nordsee. Das ist Iceni, wo Boudiccas Volk lebte.«

»Ich weiß.«

»Gut. Colchester liegt südlich von der Faust. Oder Camulodunum, wie es damals hieß. Wenn du was über die Zitadelle wissen willst, frag Robert McIvor. Er war dort.«

Liza wurde plötzlich hellwach. »Er war da?«, fragte sie.

»Ja. Er hat mir erzählt, dass fast alle in Colchester blond oder rothaarig waren und dass er kaum Römer gesehen hat.«

»Kann es sein, dass wir von Boudicca abstammen, Papa?«, fragte Toby Jane.

Papa lachte. »Könnte sein. Einige unserer Vorfahren stammen aus Colchester. Und du hast rote Haare, ich hab einen roten Bart!«

»Papa, ich mein das ernst!«

»Nun denn, ja. Möglich ist das schon, aber nicht sehr wahrscheinlich.«

Sie seufzte. »Ich wäre zu gern eine Verwandte von ihr.«

»Wie kommst du nur auf so eine Idee?«, fragte Mama. »Sie war eine grausame Frau. Eine Wilde! So sind wir doch nicht!«

Mama klang erschrocken, als habe sie gerade einen gefährlichen Zug ihres eigenen Wesens in ihrer Tochter entdeckt. Toby Jane liebte ihre Mutter, nie im Leben würde sie ihr wehtun wollen, aber Boudiccas Wildheit faszinierte sie dennoch.

Toby Jane beendete ihr Abendessen und nahm sich wieder das Buch vor. Sie zündete eine Lampe an.

Boudiccas Armee traf am Ausgang eines schmalen Tales auf das gut ausgebildete, gut bewaffnete römische Heer. Die Römer standen dicht beisammen und schleuderten ihre Speere aus dem Schutz eines Schilderwalls.

Kelten stürzten getroffen zu Boden, ihre Brüder stürmten über die Gefallenen hinweg. Eine zweite Salve Speere blitzte auf. Wieder drängten die Lebenden über die Toten und Sterbenden. Im Nahkampf versagten die langen Schwerter der Kelten, die römischen Kurzschwerter waren ihnen grausam überlegen. Zwei Flügel der römischen Kavallerie nahmen die versprengten Kelten in die Zange und zwangen sie aufs Schlachtfeld zurück. Sie brachen wieder aus und flohen.

Die Römer begannen zu töten. Keltische Krieger, Frauen, Kinder, Tiere starben an jenem Tag.

Und Boudicca, die wusste, was sie erwartete, tötete sich selbst.

Toby Jane legte ihren Kopf auf die Arme und weinte. Plötzlich blickte sie auf. Was war aus Boudiccas Töchtern geworden? Sie kämpfte sich weiter durch Tacitus um etwas über deren Schicksal zu erfahren. Sie fand nichts heraus. Also musste sie Papa fragen.

Dieses viele Töten!

Toby Jane wachte langsam aus einem Traum auf.

Eine Abmachung. Ein Handschlag. Ein heiliger Schwur. Boudicca hatte Wort gehalten, hatte bis zu ihrem Tod gekämpft.

Will hatte die Abmachung gebrochen.

Toby Jane wusste, dass sie ihren Zorn gezügelt haben musste, bevor sie hinunterging. Sonst würden Papa und Mama bloß den Kopf schütteln. Sie versuchte sich zu beruhigen. Aber als sie hinunterkam, wusste Mama gleich, was mit ihr los war, und nahm sie in die Arme.

»Hör auf für heute, Liebes.«

»Ich bin fertig.«

»Du zitterst ja! Trink ein bisschen Kakao und geh zu Bett.«

Aber alles, was Toby Jane brauchte, waren ein paar freundliche Umarmungen und die gaben Mama und Papa ihr gern. Toby Janes Augen füllten sich mit Tränen.

Sie verstand diese rothaarige Frau aus längst vergangenen Zeiten, die Grausamkeiten nicht hinnahm, sondern sich zur Wehr setzte.

Papa hatte Recht gehabt. Sie war Boudicca. Doch Boudicca hatte es leicht gehabt. Früher ging es wilder zu. Toby Jane dagegen konnte schlecht durchs Land ziehen und die Will Carters dieser Welt töten.

Trotzdem bin ich Boudicca, die Rächerin, dachte sie.

Am Montag schrieben sie eine Lateinarbeit, die Toby Jane misslang. Sie hatte Tacitus gelesen (und die Lehrerin nicht), doch in Cicero ertrank sie und bis zu Vergil würde sie es nie schaffen. Toby Jane hatte Latein satt, hatte keine Lust bis zur Abschlussprüfung damit weiterzumachen.

Sie fragte sich, ob ihr ihre Eltern wohl erlauben würden die Schule zu verlassen. Sie wollte arbeiten gehen, ihre Eltern unterstützen.

An dem Tag, an dem die Grube auf der Apfelfarm genug Geld eingebracht hatte um Henry Dunns Einlage zurückzuzahlen, mietete Will Carter ein Hotelzimmer in Laurel Gap. Er hatte es nicht mehr nötig Geld zusammenzukratzen. Die Einnahmen von der Kohle strömten. Will wollte in einer aufstrebenden Stadt leben, wo hinter jeder Tür ungezählte Chancen auf ihn warteten.

Und er wollte in der Nähe der Durhams sein um sich gelegentlich am Anblick Toby Janes erfreuen zu können, die sich von einem dürren Mädchen in eine prächtige Frau verwandelte.

Weihnachten isses so weit, sagte er sich. *Bis dahin hab ich genug Geld und dann werd ich sie bitten, dass sie mich heiratet.*

Will ließ sich beim Barbier von Laurel Gap die Haare schneiden. Dort hörte er, dass Daniel kränkelte und nervös geworden war. Daniel hatte es schwer in diesen Tagen, dachte Will geradezu mitleidig; er hatte seinen Vater verloren, Land mit Kohleflözen zum Preis von Farmland verkauft und seine Krankheit hatte sich verschlimmert. Ob all dies Daniel wohl ein wenig bescheidener gemacht hatte? Will bezweifelte es. Der Mann war gehörig eingebildet und so hochnäsig, dass er nicht so leicht von seinem hohen Ross herunterkam.

Danach machte sich Will keine Gedanken mehr über Daniels Zustand.

Will kümmerte sich um seine eigenen Angelegenheiten. Er besuchte die Durhams nicht. Möglich, dass sie wegen des Verkaufs der Farm ein bisschen vergnatzt waren, seit die Kohle darauf reichlich Geld abwarf.

Es gab noch einen Grund, warum er nach Laurel Gap gezogen war. Er wollte in der Nähe von Robert McIvor sein, der immer noch lauthals verkündete, wie wunderbar es sei in einer Stadt zu leben, in der jeder reich werden konnte.

Will hatte McIvors Briefe in der Zeitung gelesen. Wenn einer als absolut mittelloser Mann in die Stadt kommen und allein durch seine Ideen reich werden konnte, dann war das Robert McIvor. Will wollte in dessen Nähe bleiben, damit auch an ihm etwas vom Reichtum kleben bleiben würde.

»Jetzt ist Schluss mit dem Boom auf dem Papier!«, jubilierte Robert in seinen Leserbriefen.

»Wir haben einen wirklichen Boom. Leute, jetzt gilt's!«

Robert McIvor war ein typischer Vertreter der Gründergeneration. Ein junger Mann mit glattem blonden Haar und einem blonden Schnurrbart, seine Augenbrauen jedoch zogen sich dunkel wie ein Kohlestrich über die Stirn. Einen grübelnden Blick hatte er, voller Selbstironie. Jemanden wie Robert musste man einfach mögen. An ihn glaubte man.

McIvor war Mieter des Hauses, das Daniel mit dem Geld für die Farm gekauft hatte. Will hatte vor mit McIvor über das Wachstum der Stadt zu sprechen. Er wollte sich dessen Haus ansehen und dabei denken: *Allmächtiger, schau dir an, was Daniel für die besten Kohleflöze in Virginia eingetauscht hat! Und ich, ich kann mir 'n Hotelzimmer leisten und mir das beste Pferd von ganz Virginia oder Ostkentucky kaufen. Daniel geht's schlechter wie vorher! Was nützt da seine ganze Bildung?*

Außerdem machte McIvor Liza Durham den Hof. Über ihn könnte Will die Verbindung zu den Durhams wieder herstellen. Und schon im nächsten Sommer würden er und Toby Jane mit Liza und Robert ein Picknick machen. Wie alte Eheleute. Ihm wurde warm bei dem Gedanken.

Will war also aus den Bergen in die Stadt hinunter gezogen um am Boom teilzuhaben. Aaron wollte sowieso bald woanders hin, weil es am Crane Creek inzwischen verdammt einsam war. Keiner mehr da, mit dem er jodeln konnte.

Doch Will hatte nicht warten wollen, bis Aaron so weit war. Die Bergwerke (Henry Dunn und er hatten ein zweites gekauft) liefen inzwischen von alleine. Es wurde Zeit einen kleinen Teil des Gewinns abzuziehen und woanders zu investieren. Und es wurde Zeit sich ein paar Annehmlichkeiten zu leisten.

Immer wieder durchstreifte Will auf seinem Pferd die Berge um Laurel Gap und schaute sich nach allem um, was er gebrauchen könnte. Schließlich war er beim Herumstromern auf Daniels Farm schon einmal über ein Vermögen gestolpert.

An einem frostigen Novembertag ritt er über den Stone Mountain und hielt Ausschau nach Kohle, Eisen, Holz oder Ginseng – einfach nach allem, was Geld bringen mochte. Die Bäume glänzten in ihrem spätherbstlichen Blätterkleid und betörten ihn mit ihren Farben. Er wollte diesen Wald kaufen. Und noch reicher werden. Es war Zeit für eine neue Investition.

Als der Himmel dunkler wurde, machte er sich auf den Rückweg in die Stadt.

Er war den Durhams aus dem Weg gegangen, aber nun sah er auf einmal Daniel, der mit Toby Jane spazieren ging; sie hielten sich an den Händen und plauderten. Beide trugen schwere Winterkleidung. Ihr Atem stand wie Nebel in der Luft.

Will war zu weit entfernt um zu hören, was sie redeten. Aber plötzlich stieß Toby Jane einen

Schrei aus, so dass Wills Herz einen Sprung machte und seine Zähne aufeinander fuhren. Er brachte sein Pferd zum Stehen und starrte durchs Dickicht.

Toby Jane und ihr Vater hatten nicht bemerkt, dass Will in der Nähe war. Sie beeilten sich nach Hause zu kommen. Papa beschwerte sich über ihre Frisur. »Du musst was mit deinen Haaren machen«, erklärte er. »Sie flattern wie wild im Wind. Trotz deiner Pudelmütze. Du musst sie abschneiden. Siehst aus wie eine Druidin damit.«

»Eine Druidin?«

»Ja. Zu Boudiccas Zeiten wurde den Druidinnen religiöse Macht zugeschrieben. Sie waren Lehrmeisterinnen; sie konnten die Götter überreden freundlich zu ihrem Volk zu sein, konnten die Zukunft voraussagen.«

»Und sie hatten lange, kräftige Haare?«

»Ja.«

»Und – was hatten sie noch mit mir gemeinsam?«

»Nicht viel. Du schreist nicht. Aber sie haben geschrien. Mit schrillen Schreien konnten sie ihre Feinde lähmen.«

»Sie haben geschrien?«

»Genau.«

»Wie? So?« Toby Jane stieß plötzlich einen wilden Schrei aus. Sie grinste, als ihr Vater das Gesicht verzog.

»Hätte ich das bloß nicht gesagt«, sagte er. »Aber ich glaube, sie haben noch lauter geschrien.

Höher. Schriller, schrecklicher. Vielleicht ganz viele Schreie hintereinander. Wer weiß?«

Er blickte sie besorgt an. »Du brauchst es nicht zu probieren.«

Die Worte hätte er sich sparen können. Toby Janes Schreie gellten hinauf in den Himmel, prallten am Stone Mountain ab, schlugen von Wallen's Ridge zurück, ein ums andere Mal. Papa schloss die Augen und öffnete den Mund, als wollte er einstimmen. Toby Jane hielt inne.

»So vielleicht?«

»Ja. Ich glaube, du hast es getroffen.«

Papas Blick brachte sie zum Kichern. Da hörte sie ein Pferd herangaloppieren. »Kuck einer an!«, sagte sie. »Da kommt Will.«

Will stand in den Steigbügeln. Der Mann war ja weiß wie die Wand! Der kühle Will hatte sich erschrocken.

»Was hast du, Toby Jane?«, schrie er. »Bist du hingefallen oder was?«

»Wieso, nein«, sagte sie. Sie wandte sich an Papa. »Du hast Recht, Papa, die Feinde kriegen Angst. Ich glaub, ich will doch lieber eine Druidin sein und nicht Boudicca.«

»Fang nicht wieder an mit diesen alten Geschichten, Liebes.«

Sie setzten ihren Weg fort, als wäre der Mann auf dem tänzelnden Pferd gar nicht vorhanden. Wills heftiger Atem bildete kleine Nebelwölkchen. Im nächsten Augenblick hatte er seinem Pferd die Fersen hart in die Flanken gestoßen und mit einer scharfen Wendung lenkte er das Tier auf den Weg zur Stadt.

Toby Jane und ihr Vater lächelten sich an. Sie fühlte sich entspannt und zufrieden. Es war schön mit dem Vater durch den Wald zu laufen. Der Spaziergang hatte ihn beruhigt, wie sie bemerkte. Seine Hand zitterte kein bisschen, so wenig wie ihre eigene.

Die Nachricht vom Brand des Schulhauses verbreitete sich auf die übliche Art: Ein Kochlöffel wurde laut dröhnend auf einen Topf geschlagen. Lucy Castle war nachts aufgestanden und hatte den Himmel hell erleuchtet gesehen, als wäre die Sonne an der falschen Stelle aufgegangen.

»Die Schule brennt!«, schrie Lucy. »Feuah! Feuah!«

Toby Jane, die im Nu aus dem Bett war, dachte verärgert: *Warum kann Lucy nicht FEU-JER sagen wie wir?* Als sie dann die Flammen aus dem Dach des Schulhauses schießen sah, ahnte sie, dass das Gebäude keine Chance hatte. Sie stand neben ihrer Mutter, einen Arm um sie gelegt, und wünschte mit aller Kraft, dass alles wieder gut werden würde. Dass sie selbst von der Schule abgehen wollte, spielte dabei keine Rolle.

Bitte mach, dass es nur ein kleines Feuer ist, ein klitzekleines, betete sie.

Auch die anderen kamen in die Küche. Liza schob Anmachholz und Kohle in den Herd. Es war eiskalt im Haus. Sie hörten den Feuerwehrwagen zur Schule rattern – zwei Männer zogen, einer schob. Mama stritt mit Papa, fand es unsinnig, dass er helfen gehen wollte. Ein kränkelnder Mann ein Feuer bekämpfen! Das solle er lieber sein lassen. Mit jedem Satz der Mutter schwappte eine Welle von Angst durch Toby Jane, denn sie wusste, dass ihr Vater gehen würde, gehen musste.

Er kam bald mit den neuesten Nachrichten zurück. Bei vierzehn Grad unter null gefror das Wasser in den Schläuchen so schnell, dass sie zu platzen drohten. Die Pumpe versagte den Dienst. Ihre wunderschöne neue Schule, die beste in ganz Virginia, ging über den Jordan.

Eine Woche nach dem Feuer wurde der Unterricht im ersten Stock des Haushaltswarengeschäftes aufgenommen, wo sie an kleinen Tischen und auf Rohrstühlen saßen, die sie von zu Hause mitgebracht hatten. Toby Jane musste ihren Platz gegen die verteidigen, die das Pech hatten weder Tisch noch Stuhl zu besitzen.

Lucy Castle kam zu spät und blickte sich in dem großen, lärmerfüllten Raum um, der durch an den Stühlen angebrachte Schnüre in verschiedene Klassenräume unterteilt war. Wer einmal in seiner Klasse saß, durfte den abgetrennten Bereich nicht ohne Erlaubnis verlassen.

Lucy schaute die Schülerinnen und Schüler an und zog eine Grimasse.

»He, ihr alle!«, rief sie. »Hört ma heah!«

Sofort sagten zwei Lehrinnen: »Lucy, setz dich auf deinen Platz!«

»He, ich geh ab!«

Toby Jane starrte sie erstaunt an. Das war ungeheuerlich. Wenn man vorzeitig von der Oberschule abging – was die meisten taten –, dann verschwand man unauffällig. Man blieb einfach weg. Ohne Peinlichkeiten.

Lucy ging zu Toby Jane. Sie beugte sich vor und flüsterte: »Ich hab Arbeit.«

»Wo?«

»Bei der Telefongesellschaft, von sechs bis Mitternacht, bis sie dichtmachen.«

»Lucy, was ist? Gehst du oder bleibst du?«

»Ich geh!« Sie flüsterte wieder: »Lass dich bei denen auf die Liste setzen. Sie wer'n bald wen für die Vermittlung brauchen, tagsüber. Bewirb dich!«

»Lucy!«, mahnte die Lehrerin.

Lucy schien plötzlich so mächtig zu sein, dass es Toby Jane völlig egal war, ob sie Feuah oder Feuer sagte.

»Wollt ihr sehn, wie ich der Leuchte 'nen Tritt verpasse?«, sagte Lucy laut.

Das verschlug allen den Atem.

»Oh, nicht doch, Lucy!«, schrie die Lehrerin.

Aber Lucy fixierte schon die Birne, die an einem langen Draht von der Decke herunterhing. Lucy raffte ihren Rock, hüpfte zweimal auf und ab, rannte los und sprang in die Luft. Ein sanfter Fußstoß setzte die Birne in Bewegung, sie schwang in einem weiten Bogen durch den Raum und wieder zurück. Lucy trug rosa Schlüpfer, stellte Toby Jane entsetzt und gleichzeitig voller Bewunderung fest.

Die Schülerinnen und Schüler applaudierten. Miss McElroy, die jüngste Lehrerin, ließ sich anstecken und klatschte ebenfalls, bis sie merkte, wie die anderen Lehrerinnen sie anstarrten. Unwillkürlich klatschte sie noch dreimal leise, bevor sie ihre Hände zur Seite fallen ließ. Dann räusperte sie sich und stierte unglücklich auf ihre Füße hinunter.

Unter Verbeugungen und Winken verließ Lucy den Raum. Ihre Schuhe klapperten die Treppe hinunter.

Toby Jane war vollkommen aufgewühlt. Sie überlegte, ob sie wohl die Glühbirne treffen könnte. Wahrscheinlich nicht. Aber Arbeit finden wie Lucy, das könnte sie. Sie brauchte nur die Erlaubnis ihrer Eltern.

Nach der Schule ging sie bei der Telefongesellschaft vorbei und hinterließ eine schriftliche Bewerbung um die nächste freie Stelle als Telefonistin.

Dann fuhr sie mit der Bimmelbahn zum Hochofen. Drei Männer waren dabei, die Gebäude um den Hochofen abzureißen.

»Was ist los?«, fragte sie den Schaffner.

Dessen Gesicht war rot vor Ärger. »Habt ihr's noch nicht gehört?«

»Nein, Sir.«

»Mr. Taylor ist pleite.«

Mr. Taylor. Der Finanzmagnat aus New York,

den Robert McIvor hergelockt hatte. Mr. Taylor war Besitzer aller Hochöfen im südwestlichen Virginia. Und der war bankrott!

Toby Jane fiel plötzlich das Atmen schwer.

»Und was wird mit der Bimmelbahn?«

Das Gesicht des Schaffners war immer noch rot. »Ach Gott, mein Mädchen, wir wissen es nicht. Der Hochofen war für die Bahn lebenswichtig. Wer weiß, was wird.«

Eine schreckliche Vorstellung nie mehr das Bimmeln und Tuten der kleinen Bahn zu hören.

Angsterfüllt überbrachte sie die Nachricht ihren Eltern. Ihr Vater war schockiert. Der Verlust des Schulhauses war schlimm genug, aber die Bimmelbahn war unersetzlich. Das war kein guter Zeitpunkt um ihren Eltern zu erzählen, dass sie von der Schule abgehen und arbeiten wollte. Aber vielleicht würde sie schon bald dringend eine Stellung brauchen.

Will Carter verbrachte einen oder zwei Tage in der Woche bei seinem Bergwerk am Crane Creek um sicherzustellen, dass er nicht um ein paar Loren voll Kohle betrogen wurde.

Die Leute dort gingen ihm unendlich auf die Nerven. Andauernd sprachen sie bei ihm vor um ihm zu erklären, wie ein Bergwerk betrieben werden müsse, was man tun müsse, damit es Geld abwerfe, was für Sicherheitsvorkehrungen zu treffen seien und so weiter und so weiter. Nicht auszuhalten. Henry Dunn, sein Partner der Grube auf der alten Durham-Farm, stimmte mit ein und sorgte sich wie ein altes Weib. Sogar Aaron, Wills eigener Vater, kam vorbei und warnte ihn vor schlagenden Wettern im Berg.

»Zigaretten und Lampen wer'n dir noch zum Verhängnis«, sagte Aaron. »Lässt du die Stollen mit 'nem Vogel auf Gas überprüfen?«

Tatsächlich hatte einer der Kumpel seinen Kanarienvogel mit unter Tage genommen und der Vogel war gestorben, aber niemand wusste zu sagen, ob ihn Gas getötet hatte. Vielleicht war es dem Vogel unheimlich gewesen, denn Kanarienvögel sind empfindliche Wesen, hatte Will gehört.

Das Bergwerk warf ordentlich Gewinn ab, also kümmerte sich Will nicht um die Warnungen. Er hatte keine Zeit für so was.

Er war inzwischen Bürger von Laurel Gap, wo er richtig Geld machen wollte, auf die eine oder andere Art. Auch hier in der Stadt bekam er allerhand Unkenrufe zu hören. Beim Barbier schließlich erfuhr er nur düstere, niederschmetternde Neuigkeiten.

Die neue Schule würde noch lange nicht fertig werden. Wer wollte unter solchen Umständen nach Laurel Gap ziehen? Die Eisenbahnbrücke in der Schlucht, die bei dem Hochwasser im Sommer beschädigt worden war, drohte einzustürzen. Der Betrieb des täglichen Sonderzuges der L & N, der Reisende in den Westen brachte, war eingestellt worden. Mr. Taylor, Besitzer von einem Dutzend Hochöfen, hatte Pleite gemacht.

Die Panik in den Augen des Barbiers war Will gleichgültig. Er betrachtete all diese Informationen nur unter einem einzigen Gesichtspunkt: *Wie lässt sich damit Geld verdienen?*

Oft fand er es heraus, indem er einfach fragte.

Will besprach diese Dinge nachts mit Amanda in deren Bett. Sie hatte einen wachen Verstand und brachte ihn auf Ideen. Das wusste er zu schätzen. Sie lag auf der Seite, den Kopf auf die Hand gestützt, und hörte ihm genau zu, überlegte mit ihm. Zusammen würden sie eine Lösung finden.

In jener Nacht steuerte sie direkt auf die Frage zu, was geschähe, wenn die Bimmelbahn aufgeben müsste. Zum ersten Mal sagte Amanda gleich, was sie dachte, liess Will keine Zeit von alleine auf die Antwort zu kommen. Er betrachtete sie. Sie war eine attraktive Frau, sanfter und schöner als zu jener Zeit, da er sie kennen gelernt hatte.

»Was hältst du davon, einen oder zwei Einspänner zu kaufen?«, fragte sie. »Lass sie hübsch anstreichen und dann vor den Hotels vorfahren, und zwar zu den Abfahrzeiten der L & N oder der Southern-Bahn. Übernimm das Geschäft der Bimmelbahn. Eine Art persönlicher Service, gegen Geld natürlich. Du kannst die Wagen überall fahren lassen. So ähnlich wie Droschken in der Stadt.«

Will gefiel die Unverfrorenheit dieser Idee. Der Bimmelbahn Konkurrenz machen? Einspännerfahrten als neuesten Schick annoncieren! Je mehr Leute mitfuhren, umso weniger würde es kosten und man musste nicht warten, sondern wurde erwartet. Es würde gehen, ganz egal, ob die Bimmelbahn Mr. Taylors Pleite überlebte oder nicht. Es würde gehen! Er könnte eine ganze Flotte dieser verdammten Einspänner anschaffen.

Er strich Amanda über das Haar, klopfte ihr sanft auf die Schulter und fuhr mit einer Hand über ihre Hüfte.

»Gleich morgen mach ich mich dran, bevor die Preise für Einspänner hochgehn. Das wird klappen.« Er betrachtete Amanda, merkte plötzlich, wie sehr er sie mochte. Sie war eine gute Köchin, eine gute Gefährtin. Er dachte selten daran, dass sie älter war, denn sie war so gut wie eine junge Frau.

Er empfand Dankbarkeit.

»Amandy, ich möchte dir was schenken, irgendwas, was du dir wirklich wünschst. Neue Kleider. 'nen Anbau am Haus.«

»Na ja, ich …«

»Wirklich, ich mein's ernst, Amanda. Ein schönes Geschenk. Du bringst mir Geld. Was wünschst du dir?«

»Ein Pferd. Ich will ein Pferd haben.«

Er lachte amüsiert. »Ein Pferd? Warum? Ich kann deinen Garten pflügen lassen!«

»Kein Zugpferd«, sagte sie. »Ein Reitpferd.«

»Du willst reiten?«

»Ich bin früher viel geritten«, sagte sie. »Wir hatten Reitpferde, Rennpferde, wie ich 'n kleines Mädchen war.«

»Is recht. Wo willst du reiten? Der Berg hier is nich grade 'ne Rennbahn.«

»Weiß ich. Aber ich könnt bei den Damenwettbewerben am vierten Juli mitmachen.«

Will verschlug es die Sprache. Das hätte er sich im Traum nicht vorstellen können – Amanda im Wettstreit mit den reichen Damen von den Hügeln? Würde sie sich als Nächstes ein Reitkleid wünschen?

Sie blickte ihn an. Bittend. Es war ihr voller Ernst.

»Das ist was, was ich kann.«

Sie hatte es verdient. Zum Teufel, das Geld rann ihm nur so durch die Finger. Warum sollte sie nicht auch was davon haben?

»Morgen, wenn ich 'n paar Einspänner gekauft hab, besorg ich dir ein Pferd.«

»Ich will es selber aussuchen!«

Er ließ sich zurückfallen, war für einen Moment ein wenig verärgert.

»Nu, warum nich?«, sagte er schließlich. »Was versteh ich schon von Rennpferden? Ich hab mein Leben lang Zugpferde geritten.«

Sie fuhren durch die Täler und suchten nach einem Rennpferd. Es machte Will Spaß zuzuschauen, wie Amanda die Pferde prüfte. Keinerlei Fragen an den Besitzer. Ihre Hände fuhren über den Körper des Tieres, während sie es anschaute. Ihre Bewegungen waren bestimmt und sicher, so dass jedes Pferd stillhielt.

Amanda hatte zwanzig oder dreißig Tiere überprüft, bevor sie zum ersten Mal fragte: »Kann ich es mal reiten?« Drei Pferde hatte sie geritten, bis sie fand, was sie wollte: eine lang gestreckte, schlanke braune Stute, ein höllisch nervöses Tier. Will stellte bedauernd fest, dass es weder vom Körperbau noch vom Gewicht her geeignet war einen Pflug zu ziehen – für den Fall, dass Amanda die Lust am Reiten verlieren sollte. Aber er sagte kein Wort, bis sie auf dem Heimweg waren.

»Wie kann ich mit dem Pferd Geld verdienen?«, fragte er sie.

Amanda lächelte ihn an. Sie hatte sich im Laufe des Tages verändert. Sie war selbstsicher, sie war … Was war es? Will versuchte es herauszufinden. Ihr Gesicht leuchtete.

Meine Güte, die platzt ja fast vor Freude!

»Du kannst auf mich setzen«, sagte sie augenzwinkernd.

»Wie meinst du das?«

»Beim Rennen kannst du auf mich setzen. Damit holst du dein Geld wieder rein.«

An einem verregneten Wintertag saß Daniel Durham auf einer Bank in der Küche, schliff und ölte Gartengeräte. Toby Jane sprach mit ihm über die Bimmelbahn und über ihre Angst, dass die kleine Bahn eventuell den Betrieb einstellte, wie in der Stadt erzählt wurde.

»Papa, was machen wir dann? Wie kommen wir dann überall hin?«

»Toby Jane, wenn es wirklich dazu kommt, dann ist das nicht das Ende der Welt. Wir werden eben wieder laufen lernen.«

Sie wünschte, Papa wäre nicht so sarkastisch.

»Papa, tu doch nicht so, als würdest du dir keine Sorgen machen!«

»Natürlich mach ich mir Sorgen, aber als Calvinist weiß ich mich zu beherrschen. Ich kann die Ruhe bewahren.«

»Warum fragst du nicht Robert McIvor, was er denkt? Ich sattle dir das Pferd!«

»Robert besuchen, klar, kann ich machen. Ich hab ja Zeit genug.«

»Sei doch nicht so bitter!«, sagte sie.

Daraufhin wurde er ernst. »Also gut. Sag deiner Mutter, wo ich hin bin.«

Eine Weile später war er zurück. Mama und er saßen in der Küche, dem wärmsten Raum des Hauses. Toby Jane goss ihm Kaffee ein.

»Ich habe mit Robert McIvor gesprochen. Es stimmt, dass es traurig steht um die Stadt. Mit dem Hochofen ist es aus. Neuerdings heißt es, das Erz von Wallen's Ridge wäre nicht erste Qualität. Die Fabrikanten gehen alle zurück nach Ohio.« Papa blickte finster drein. »Und die Männer, die entlassen wurden, fragen sich, wie sie ihre Familien ernähren sollen. Trotzdem meint Robert, er würde sein ganzes Vermögen darauf verwetten, dass es der Stadt nicht allzu sehr schaden wird. Ich frag mich nur, welches Vermögen …«

»Und warst zu freundlich um nachzufragen«, sagte Mama.

Papa zog grinsend den Kopf ein. »Robert sagte:

›Du wirst schon sehen. Andere Gewerbe werden den Betrieb aufnehmen. Es wird Arbeit geben.‹ Es gibt schon andere Gewerbe, dachte ich, die Schwarzbrennerei blüht.«

»Und warst zu freundlich es zu sagen«, sagte Mama. Toby Jane kicherte. Sie freute sich, dass Papa so viel redete. Er hatte einen guten Tag.

Am Abend kam Mama zu Toby Jane ans Bett. »Papa möchte, dass du und ich morgen mitkommen, wenn er zum Gericht fährt. Er möchte sicherstellen, dass wir im Grundbuch als Besitzer von Bruces Haus eingetragen sind.«

»Und er will kucken, wie's in Crane Creek aussieht?«

Ihre Mutter nickte.

»Er traut Will nicht, was?«

»Nein, du etwa?« Sie lächelte und Toby Jane musste im selben Moment lachen.

Im Morgennebel brachen sie auf, in schwere Wolltücher gehüllt. Die Pferdehufe klapperten wie Musik. Der Nebel gab nur ein kurzes Stück der Straße frei und Toby Jane träumte in dieser weiß verhüllten Welt vor sich hin.

Sie döste ein, wachte auf und sagte: »Mama, Papa. Ich will von der Schule abgehen.«

Sie waren nicht überrascht, bemerkte Toby Jane, nur traurig. Es war selten genug, dass jemand den Abschluss machte. Nur Juliet und ein anderes Mädchen hatten es geschafft.

Toby Jane begründete ihren Wunsch und ihre Eltern waren einverstanden.

»Du kannst immer noch aufs Seminar gehen und Grundschullehrerin werden«, sagte Papa.

Toby Jane antwortete nicht. Sie hatte schon mehr erreicht, als sie erhofft hatte. Ab sofort wollte sie jeden Tag in die Telefonzentrale gehen und alle dort daran erinnern, wie klug sie war und wie tüchtig.

Das Grundstück war auf ihren Namen im Grundbuch eingetragen. Als Toby Janes Vater das überprüft hatte, fragte Mattie: »Wollen wir Aaron besuchen gehen?«

Er schürzte die Lippen und schüttelte den Kopf. »Nein, Ma'am.«

Papa konnte es nicht ertragen seinen alten Freund zu sehen, begriff Toby Jane. Wills Daddy.

Stattdessen besuchten sie Familie Riggs, die musikalischste Familie im südwestlichen Virginia. Es tat gut Bekannte von früher zu treffen, die immer wärmste Anteilnahme zeigten. Emma und Lawrence Riggs schirrten gemeinsam das Pferd vor ihren Wagen und fuhren die Durhams über den alten Fahrweg zur Apfelfarm.

»Mach dich auf einen Schock gefasst, Daniel«, sagte Lawrence Riggs.

Nichts hätte sie vorbereiten können. Der Crane Creek hatte die falsche Farbe! Normalerweise schimmerte sein dunkles Flussbett durch das klare Wasser und die Sonne brachte die weißen Schaumkrönchen zum Glitzern. Jetzt hatte das Wasser eine schmuddelige gelbe Farbe und es war viel zu matt um auch nur einen Sonnenstrahl aufblinken zu lassen.

Toby Janes Vater streckte plötzlich den Arm aus. Auf der anderen Seite des Baches lag ein toter Fisch auf den Steinen – ein riesiger Sauger, das Maul wie zum Kuss gespitzt, die Augen starr vor Staunen.

»Ist das Wasser so schlecht?«, flüsterte Papa.

Toby Jane war aufgewühlt, als stünde sie schon wieder vor einem abgebrannten Schulhaus.

»Weiter können wir nicht fahren«, sagte Lawrence ernst.

Daniel und Mattie starrten ihn an. Sie stiegen vom Wagen und gingen zu Fuß um die nächste Kurve, wo der Fahrweg durch große, vom Berg herabgestürzte Felsbrocken versperrt war. Die Steine waren kantig, als hätte eine eilige, gewalttätige Hand ihre Wölbungen zu scharfen Ecken geschlagen.

Toby Jane bekam plötzlich Angst um die Apfelfarm.

»Ist die Farm noch da?«, fragte Papa und schaute kurz zu Lawrence hinüber.

»Kuck dir das lieber nicht an, Mattie«, drängte Emma.

Mama tat es aber doch. Sie musste es sehen und Papa auch. Toby Jane lief hinter ihnen her.

Lawrence und Emma Riggs blieben zurück und warteten geduldig, während die drei auf den Berg stiegen. Von dort schauten sie auf ihr altes Grundstück. Lawrence hatte Recht gehabt. Das Farmgelände war verwüstet, als hätte ein teuflischer

Gott mit seinen Fingern den Boden aufgewühlt, so dass nur tiefe Furchen, bloße Erde und Steine zurückblieben.

Papa fand als Erster die Sprache.

»Das soll das Bergwerk sein? Eine Schlackenhalde!«

»Die Apfelbäume sind weg«, sagte Mama mit hoher, gepresster Stimme. »Ich kann mich nicht mal mehr orientieren! Wo haben sie denn gestanden?«

»Da ist noch einer«, sagte Papa. Seine Stimme klang schrill, als ob Eisen an Eisen riebe.

Es war ein alter Baum, knorrig und standhaft. Mama folgte Papas ausgestrecktem Finger.

»Armer alter Baum«, sagte Mama. »Ich weiß nicht, was ich dir wünschen soll, die nötige Kraft um alleine weiterkämpfen zu können oder lieber einen schnellen, erlösenden Tod.«

Mamas Blick wurde wild.

»Wo ist Katies Grab? Das Grab darf er nicht anrühren!«

Sie suchten das Gelände mit den Augen ab. Toby Jane rannte zu dem Apfelbaum und dort fand sie den Grabstein. Schlacke und Gestein häuften sich um Baum und Grab. Ohne ein Wort zu sagen machten sie sich an die Arbeit. Sie räumten einen großen Kreis um den Baum frei, legten Grassode auf das Grab, traten sie fest.

»Ich hoffe, es wächst an«, sagte Mama. Es fiel ihr schwer das Grab zu verlassen.

Am Berghang ragte ihr altes Haus, mächtig und starr. Innen war es vollkommen ausgebrannt –

Toby Jane konnte durch das Gebäude hindurchsehen. Wieder fuhr ihr der Schock in den Körper.

Auch ihre Eltern blickten zum Haus hinüber, und wortlos – als hätten sie sich ein Zeichen gegeben – wandten sich beide zum Gehen.

»Du hattest Recht, Emma«, sagte Mama, als sie wieder am Fahrweg waren. »Ich hätte es lieber nicht gesehen.«

»Es ist schrecklich«, sagte Emma. »Man muss viel Vertrauen in die Menschheit haben um zu hoffen, dass so was eines Tages verboten sein wird.«

Sie stiegen auf den Wagen und fuhren bergab.

»Sag mir bloß, warum«, sagte Mama plötzlich, »warum macht er das? Aus purer Bosheit?«

»Gleichgültigkeit«, sagte Papa. »Die Arbeit erledigen. Keinen Gedanken an das Land verschwenden.«

»Ich bezweifle sogar, dass er überhaupt merkt, was er angerichtet hat«, sage Lawrence. »Er hat das Grundstück inzwischen verkauft, Kohle und Geld rausgeholt und dafür mehrere kleine Grundstücke in Laurel Gap gekauft, hab ich gehört. Und das alte Bergwerk unten am Bach hat er auch gekauft und sogar extra einen Sachwalter eingestellt! Das Werk heißt: Carter und Dunn No. 2.«

»Herrgott, aber der Berg dort ist voller Gas! Das weiß doch jeder!«, sagte Papa wütend.

»Und das sollte Will stören?«, fragte Emma.

Papa antwortete nicht. Will nahm sich, was immer er wollte, und zog weiter. Auch das wusste jeder.

»Ihr habt nichts von der Kohle gewusst, stimmt's?«, fragte Lawrence.

Papa zögerte. Es war ihm peinlich seine Fahrlässigkeit zuzugeben.

»Nein, haben wir nicht.«

»Wie sollten wir auch?«, zischte Mama. »Wir haben hart gearbeitet auf der Farm, sind nie durch die Wildnis gestromert. Hatten keine Zeit! Ich kann mich nur an ein einziges Mal erinnern …« Ihre Stimme brach.

Papa nahm ihre Hand. »Matt liebt Veilchen«, sagte er, »und ich hab sie hinauf aufs Plateau geführt, wo ein riesiges Feld voller Veilchen stand. Das schönste Geschenk, das ich ihr je gemacht habe, glaube ich.« Er hielt einen Moment inne. »Unseren Grund und Boden am Stone Mountain kenne ich inzwischen viel besser, aber den werde ich bestimmt nicht zu Geld machen können.«

Emma lachte. »Ich weiß, Daniel. Ihr seid genau wie wir. Euer Land ernährt euch und bringt euch Freude, aber kein Geld.«

»Genau!«

»Wollt ihr Wills neue Grube sehen?«, fragte Lawrence.

»Warum nicht«, sagte Mama. »Wenn ich schon mal hier bin.«

Auf halber Strecke zum Tal blieben sie an einem Brett mit einem grob eingebrannten Schriftzug stehen: »Carter und Dunn No. 2.« Sie stiegen aus und streckten sich. Gerade als Toby Jane ihren Fuß auf die Erde setzte, hörte sie lautes Rufen.

»Haltet euch die Augen zu, meine Damen!«, sagte Lawrence. »Da kommen die Kumpel um ihr Bad zu nehmen.«

»Ach was!«, sagte Mama. »Es ist zu kalt.«

»Doch, doch«, sagte Emma. »Erst wenn der Bach zufriert, geben sie's auf.« Sie lachte und bedeckte ihr Gesicht. Toby Jane und ihre Mutter wandten sich um.

Toby Jane hörte Lawrence lachen. Dann hörte sie die Kumpel schreien: »Aus'm Weg!«

»Spinnst du? Ich hab mein Bad genauso verdient wie du!«

»Hui, Junge, ist das eisig.« Sie hörte Blech gegen Stein schlagen.

»Was machen die, Papa?«

Er gluckste, wie gegen seinen Willen.

»Nun, da unten strömt ein Haufen nackter Männer aus dem Berg. Ihre Köpfe und Hände sind kohlschwarz, ihre Körper weiß wie Schnee. Sie werfen ihre leeren Tabakdosen auf einen großen Haufen am Felsvorsprung, als wollten sie ihrer Plackerei ein Denkmal setzen. Da ist einer meiner ehemaligen Schüler. He, Elmer, wisst ihr Jungs nicht, dass Gas im Berg ist?«

Stille. »Oh, hallo, Mr. Durham. Jap, das wissen wir. Und wir können's nich mehr hörn.«

Toby Jane hörte die Kumpel lachen und im Wasser herumspritzen.

Die Stimme ihres Vaters wurde ernst. »Ja, wisst ihr denn nicht, dass sich das Grubengas vielleicht irgendwann entzündet und den Stollen in die Luft jagt? Eine Zigarette oder eine eurer Karbidlampen reichen schon.«

»Ach Gott, Mr. Durham, jetzt unken Sie auch schon wie ’n olles Weib! Will Carter weiß über das Gas Bescheid und er hat uns nie das Rauchen verboten.«

»Will hat überhaupt keine Ahnung vom Bergbau, Elmer, das Einzige, was er kann, ist Geld zählen.«

»Mehr is auch nich nötig, den Rest machen wir.«

»Komm, Lawrence, gehen wir«, sagte Emma.

Sie stiegen in den Wagen und Lawrence wendete.

»Der Junge ist noch genauso ’n Klugscheißer wie damals im vierten Schuljahr, als er sitzen geblieben ist«, sagte Papa.

»Kannste gleich mit ’nem Maultier reden«, murmelte Lawrence.

Es war beinahe dunkel, als sie nach Hause kamen. Ein kalter Abendwind zwickte Toby Jane im Gesicht. Zum Glück hatte sie Mamas Wolltuch.

Sie hörte Vögel zwitschern und sah, dass sich immer noch einige Wanderdrosseln zum Zug gen Süden versammelten. Ein komisches Geräusch war das, sie quietschten wie ein Haufen Mäuse.

»Hört ihr die Drosseln?«, fragte sie.

Mama war nun wieder ganz ruhig, sie war froh wieder daheim zu sein. »Ja«, sagte sie. »Das ist ihre Reisesprache.«

Die Drosseln schossen auf und ab und zwitscherten laut.

Über ihnen flog ein Schwarm Amseln nach

Süden. Die Amseln waren klüger als die Drosseln, wollten vor dem ersten Schnee auf und davon sein.

Hoch oben am kalten Himmel schnatterten Wildgänse. Toby Jane wusste nicht, warum die Stimmen der verschiedenen Vögel sie so zufrieden stimmten. Die Vögel schienen ihr viel wichtiger als ein Bergwerk oder ein Hochofen, sogar wichtiger als ein kleiner Bummelzug.

Toby Jane fühlte sich besser. Sie dachte beinahe hoffnungsfroh an die Zukunft der Stadt und die der Menschen ohne Arbeit. Da sah sie plötzlich eine Reihe von Männern, die schweigend, einer hinter dem anderen, auf den Bimmelbahngleisen in Richtung des L & N-Depots liefen, den Proviant in Beuteln verstaut. Ihre Schritte knirschten im Schotter zwischen den Bohlen. Das war der einzige Laut, den die Männer von sich gaben.

Toby Jane hätte ihnen gerne die Hände geschüttelt, sich von ihnen verabschiedet und ihnen Glück gewünscht. Aber das konnte sie natürlich nicht tun, denn die Männer schämten sich für ihr Versagen, sie gingen krumm wie vom Alter gebeugt.

Dann entdeckte Toby Jane noch etwas Interessantes. Ein niegelnagelneuer Einspänner, bunt wie ein Regenbogen, stand vor dem Hotel. Daneben ein Schild mit folgender Aufschrift:

KUTSCHER MIT WAGEN FÜR PRIVATE FAHRTEN:
NÄHERE AUSKUNFT IM HOTEL.

»Das gefällt mir nicht«, sagte sie.
»Warum nicht?«, fragte Papa.
»Da will jemand die Bimmelbahn kaputtmachen.«
Ihr Vater blickte ernst, aber er sagte nichts.

Die Stadt hatte sich verändert, seit der Hochofen nicht mehr in Betrieb war. Familien zogen fort und Toby Jane verlor Freundinnen, die gingen ohne sich zu verabschieden. Aber die Bimmelbahn fuhr noch bis zur Southern-Linie und dann weiter zum stillgelegten Hochofen um dort zu wenden. Die Häuser am Hochofen wurden nach und nach von Leuten bezogen, die nie zuvor ein eigenes Haus besessen hatten. Und sie schwärmten aus um Arbeit zu suchen, sie wuschen Wäsche, arbeiteten als Dienstboten, taten alles um Geld zu verdienen.

Am Erntedanktag stiegen Toby Jane von Westen und Will von Osten her auf sich windenden Pfaden den Stone Mountain hinauf. Toby Jane streifte einfach nur so herum um ihr kräftiges Mittagessen zu verdauen. Will betrachtete voller Ehrfurcht den vollkommen unberührten Holzbestand in diesem Wald, der ihm gehören würde, sobald das Gericht die entsprechenden Grundbucheintragungen vorgenommen hatte.

Etwa in der Mitte des Hanges, direkt an der Grenze des durhamschen Landes, begegneten sich Will und Toby Jane und sie nahmen sogleich den Kampf auf.

»Guten Tag, Toby Jane«, rief Will. Seine ernste Miene verbarg die gehobene Stimmung, in die ihn diese unverhoffte Begegnung versetzte, sowie seine Genugtuung darüber, dass Toby Jane vor Schreck ungeschickt stolperte.

Sie starrte ihn an und gewann ihre Fassung zurück.

Plötzlich deutete sie auf einen verwitterten Pfahl im Boden. »Siehst du den Pflock mit dem grünen Fleck darauf? Damit hat Papa unsere Grundstücksgrenze markiert. Ich wäre dir dankbar, wenn du auf der anderen Seite bliebst.«

»Hast du Angst vor mir?«

»Angst? Wieso denn das?«

»Mir gefällt die Seite hier sowieso besser. Sie is mir. Ich bin dein neuer Nachbar.«

»Du hast das gekauft?«, fragte sie ungläubig.

»Jap. Das ganze Ende vom Berg is mir.«

»Was wirst du noch kaufen, Will Carter?«

»Ich kauf Land überall, wo und wann ich kann. Schau mir nur gut zu, Toby Jane, und du kannst allerhand lernen. Wie man aus allem, was man hat, Geld macht.«

Richtig wild sieht sie aus, wenn sie so zornig ist, dachte er. *Allmächtiger, sie is erst sechzehn oder siebzehn und schon eine wunderschöne Frau. Ich würd ihr zu gern erzählen, dass ich meinem Weib ein Pferd gekauft hab und dass mir die Wetten schon das Neunfache vom Preis eingebracht haben.*

Und doch gibt's keine Frau, wo an die hier ranreicht, jedenfalls nich im Umkreis von hundert

Meilen. Schöner wie jede Frau, wo ich gesehn hab. Und ich krieg sie, auch wenn ich warten muss, bis ich vierzig bin. Ich würd mir beinah wünschen, dass ich ihr was kaufen könnt von dem Geld, was mir in den Schoß fällt. Scheint irgendwie verkehrt, dass ich auf großem Fuß leb und sie nich.

»Hab gehört, ihr wart in Bristol?«

Keine Antwort. Sie bückte sich plötzlich und grub mit einer kleinen Schaufel eine Ginsengpflanze aus. Toby Jane schnitt die Wurzel ab und steckte sie in einen Stoffbeutel.

»War's denn schön?«

»Geht dich einen feuchten Kehricht an!«

»Hooh, hooh, hooh! Sind wir aber keck! Lernt man das bei einem Ausflug in die weite Welt? Nu, wir wer'n ja sehn. Schließlich sind wir jetzt Nachbarn, da können wir uns bestens kennen lernen.«

»Ich kenn dich gut genug, mein Bedarf ist gedeckt. Glaubst du, uns macht das Spaß – erst von dir übers Ohr gehauen werden und dann noch dein spöttisches Gerede hören müssen?«

»Wieso denn, ich sag doch gar nichts«, widersprach er energisch.

Sie wandte sich ab, wollte sein Gesicht nicht mehr sehen.

»Hier is 'ne Ginsengpflanze, auf meiner Seite. Gib mir deine Schaufel und ich grab sie für dich aus.«

»Kommt nicht in Frage. Wenn ich dir die Schaufel gebe, dann fängst du bloß an unsere Bäume auszugraben.«

Will blinzelte und schwieg.

»Du magst die Bäume?«, fragte er schließlich.

»Ja. Ich mag sie.«

Halt das Gespräch am Laufen. Gib ihr keine Chance sich zurückzuziehen, bevor wir richtig warm geworden sind.

»Hab gehört, Juliet is 'ne gute Lehrerin geworden.«

Keine Antwort.

»Hab gehört, einer im Senat will, dass Kinder ihre Schulbücher umsonst kriegen sollen. Was hältst 'n davon?«

Keine Antwort.

»Na, in Richmond haben sie ihn jedenfalls mächtig ausgepfiffen und das war auch recht so. Die Gören sind verwöhnt genug heutzutage.«

Keine Antwort.

»Hab gehört, du bist jetzt das Fräulein vom Amt?«

Eine Bewegung zeigte, dass sie zuhörte. Doch immer noch keine Antwort.

»Hab gehört, dass es deinem Daddy nich so doll geht.«

»Stimmt. Es geht ihm nicht gut.«

»Sag ihm, dass es mir Leid tut, dass er krank is, und dass ich ihm gerne helf, wo ich kann.«

Ihr verächtlicher Blick traf ihn wie ein Schlag. »Ich werd mich hüten deinen Namen in seiner Gegenwart zu erwähnen. Das könnt ihn glatt umbringen.«

»Jammert ihr immer noch um Crane Creek? Ich hab meinen Anteil längst verkauft.«

»Und bist reich geworden, an unserm Land.«

»War doch nich meine Schuld, dass ihr nie nach Kohle gekuckt habt.«

»Ich hab direkt daneben gesessen und genau gehört, wie du gesagt hast, da ist keine Kohle. Das hast du gesagt, Will Carter. Und Papa hat gefragt, ob du ihm die Hand drauf gibst, weil er wusste, dass viele Leute um die Kohle auf ihrem Land betrogen worden sind. Und du hast ihm die Hand drauf gegeben. Und am selben Abend hast du schon gewusst, dass da Kohle ist. Du hast die Papiere unterschrieben und das Land für'n Spottpreis gekriegt. Du hast was sehr Wichtiges nicht begriffen.«

»Was?«

»Dass man zu seinem Wort steht. Unsere Familie hält sich daran seit Urzeiten. Du hast dein Wort gebrochen. Und wir sollen jetzt nett zu dir sein? Niemals in diesem Leben, Will Carter. Nie.«

Warum kann ich keine Frau finden, wo so hübsch is wie die, aber ein liebes Herz hat?

Er hockte sich auf einen Stein, schaute hinunter ins Tal, auf die wachsende Stadt Laurel Gap.

»Haste gehört, dass Aaron und Lois zum Heiraten über die Berge nach Tennessee sind? Wie 'n junges Liebespaar!«

»Wirklich?«

Er hatte sie.

»Ja. Das könnten wir beide auch tun!«, sagte er schmunzelnd, damit sie es als Scherz nahm und ihn nicht auslachte.

Keine Antwort.

»Sie ziehn heute in Davis' Haus, beim L & N-Depot.«

»Ach ja?«

»Ja. Und ich hab elektrisches Licht legen lassen für sie. In jedem Raum hängt 'ne Lampe.«

Toby Jane warf ihm einen hasserfüllten Blick zu. *Sie is neidisch,* freute er sich insgeheim.

»Ach ja?«

»Liebling, ich werd reich. Das sollte dir langsam klar sein.«

Toby Jane verzog angewidert das Gesicht.

»Nur zu. Mach dich nur lustig. Aber haste die Wagen gesehn, an den Bahnhöfen?« Sie nickte. »Die sind mir.«

Wieder starrte sie ihn wütend an. »Willst du jetzt auch die Bimmelbahn kaputtmachen?«

Sie kapiert überhaupt nichts.

»Toby Jane, du bist zu jung, verstehst einfach nich, was ansteht heutzutage. Wenn du mir nur 'n bisschen entgegenkommst, ein bisschen freundlicher bist, können wir uns besser kennen lernen. Ich helf dir. Vielleicht heirat ich dich sogar.«

Er schaute blitzschnell zu ihr hinüber, aber sie hatte den Kopf abgewendet. Ihre Hände griffen nach einer weiteren Ginsengpflanze.

Gott im Himmel, ich platze gleich. Die macht mich wahnsinnig.

»So 'ne Leute wie du – die sich für sonst was halten, für die Königin von England oder was weiß ich – so'ne Leute wie du, die machen hier alles kaputt.«

»So 'ne meinste, so 'ne, ja?«

»Da! Siehste, was ich mein? Du bist ja sogar zum Pissen zu vornehm!«

Schweigend grub sie die Pflanze aus. Er riss sich zusammen.

»Siehste das Bürohaus da?«, sagte er und deutete auf ein Gebäude jenseits des Flusses. »Da krieg ich ein Büro. Ich brauch das für meine Buchhalter, damit die aufschreiben, was ich verdien.«

»Und womit? Mit deiner Carter und Dunn No. 2? Im Berg ist Gas, das du nie rauskriegst! Alle zwei, drei Jahre wirst du einen Haufen Kumpel umbringen. Jungs, die nicht älter sind als ich.«

Sie hatte Sachen aufgeschnappt, von denen eigentlich keiner was wissen sollte. Das machte ihm Angst.

»Is doch gar nich wahr!«, sagte Will laut, unfähig seinen Zorn zu zügeln.

»Hast du den Kumpels die Hand drauf gegeben, dass kein Gas im Stollen ist?«

»Toby Jane, warum suchst du immer Streit mit mir?«

»Erwartest du etwa, dass ich freundlich zu dem Mann bin, der meinen Vater betrogen hat? Wie würdest du das finden, wenn wir Aaron so was antun würden?«

Daraufhin schwieg er. Und er wünschte, sie würde den Mund halten. Er ließ seine Blicke über den Boden gleiten um zu sehen, ob er irgendwas von Interesse finden könnte: Schieferstöcke, Spuren von Kohle, indianische Pfeilspitzen, die es reichlich hier und unten im Tal gab, wo früher die Indianer aus Ohio gejagt hatten. Will ging nie durch die Berge ohne auf solche Dinge zu achten.

»Bist du schon mal bei 'nem Tanz gewesen?«

»Nein.«

»Ich auch nich, aber am vierten Juli war ich eingeladen. Willst du mit, wenn ich noch mal 'ne Einladung krieg?«

Wieder keine Antwort. Aber sie is am Überlegen. Vielleicht is das 'n guter Köder. Sie hat Lust zu tanzen! Der alte Daniel und Mattilda finden wahrscheinlich, dass Methodisten nicht tanzen dürfen. Und die Kleine is bestimmt verrückt danach!

»Ich sag dir Bescheid, wenn's wieder so weit is.«

Er wartete ab. Sie sagte nichts.

»Wir brauchen ja deinen Eltern nichts von erzählen.«

Wieder wurde sie wild. Wütend.

»Und du glaubst, ich würde wegen dir meine Eltern belügen?«

Er spürte Widerwillen. Was für einen Sinn hatte es dieses Mädchen anständig zu behandeln? Am liebsten hätte er sie gepackt und ins Gebüsch gezerrt und es ihr ordentlich besorgt, ihr sein Zeichen eingebrannt, dass sie ihn nie vergessen würde. Aber das würde er natürlich nicht tun. Er war ein anständiger Mann. Er seufzte und stand auf, machte ein paar Schritte, blieb stehen und blickte sich um.

»Hab gehört, deine Mutter will wählen gehn. Stimmt das?«

»Ja.«

»Also wirklich!« Er lief in Richtung der Schlucht.

»Und ich auch!«

»Gott im Himmel!«

Er schüttelte den Kopf und ging weiter. Als er schon außer Hörweite war, fiel ihm ein, dass er sie hätte fragen können, ob sie für Parker statt für Teddy Roosevelt stimmen würde. Und ob er sie zu einem feinen Essen im neuen Hotel einladen könnte. Und ob sie mit ihm nach Los Tanos in New Mexico gehen würde, wo sie sich niederlassen und reich werden würden. Und ob sie Lehrerin werden wollte wie ihre Schwester oder ob sie damit zufrieden war, als Telefonistin zu arbeiten. Und ob sie die Absicht hatte als alte Jungfer zu enden. Und ob er sie nach Hause bringen dürfe. Es gab so viel, was er sie fragen könnte, wenn sie je ein richtiges Gespräch zu Stande bekämen.

Aber als er am Fuß des Berges angelangt war und den Fluss sehen konnte, dachte er an wichtigere Dinge: An Pappeln, die so groß wurden, dass man für einen einzigen Baum bald einen ganzen Eisenbahnzug brauchte. Wenn der Fluss erst mal gezähmt wäre, dann könnte man die Holzstämme auf dem Wasserweg zu den Märkten in Kentucky und Tennessee befördern.

Das wollte er als Nächstes tun. Die Steine aus dem Fluss holen und das Wildwasser flößbar machen.

Und noch etwas beschäftigte ihn. Die Flaute in der Eisenerzverarbeitung hatte Auswirkungen auf den Kohlebedarf. Henry Dunn hatte sich in einem Brief darüber beklagt.

Es war kaum zu glauben, aber die Kumpel und Eisenkocher pflanzten überall Apfelbäume und Will fragte sich, ob er letzten Endes nicht mehr Geld aus Daniels Farm geholt hätte, wenn er bei den Äpfeln geblieben wäre.

Doch als er unten im Tal angekommen war, waren seine Gedanken wieder bei Toby Jane. Er hätte sagen sollen: *Also, ich bin immer noch am Warten, dass du alt genug wirst.* Und sie hätte gesagt: *Bin längst alt genug.* Und er hätte gesagt: *Bist du so weit deinem Liebsten entgegenzutreten?* Und sie hätte gesagt: *Ich bin am Überlegen.*

Niemand, nicht einmal die prächtige Toby Jane, würde ihm lange widerstehen können, denn er brauchte nur seine Hand auf das zu legen, was er haben wollte. Jetzt lag seine Hand auf diesen Bergen, mit allem, was sie zu bieten hatten, und er griff sie sich, dass sie für immer ihm gehörten. Genau wie Toby Jane, sie brauchte sich ihm nur zu beugen.

Er hatte auf einmal Lust sich auf einen hohen Felsen zu stellen und ihr zuzujodeln, so wie Aaron und Daniel das früher in Crane Creek getan hatten. Jeder Jodler hatte eine Bedeutung, so dass sie sich über Meilen hinweg hatten verständigen können.

Braucht ihr Fleisch? Wir haben welches.
Wir sind krank. Schickt Hilfe.
Bloß diesmal würde er jodeln: *Ich knie vor dir, weil ich dich lieb.*

Will Carter war bereit um Toby Janes Hand anzuhalten. Reich genug war er. Er hatte nur Toby Jane und Geld im Kopf.

Am letzten Tag im November war Will auf dem Weg zu seinen Mühlen; er kontrollierte sie regelmäßig. Er blickte hinauf zu seinem Land auf dem Stone Mountain. Die Sache lief nicht so gut, wie er es sich erhofft hatte, als er sich das Gelände gesichert hatte. Es grenzte an das Grundstück der Durhams, aber auf der anderen Seite des Berges reichte es nicht bis hinunter zum Fluss wie deren Land.

Robert McIvor saß auf dem Vorbau der Weizenmühle. Er ließ die Beine baumeln und blickte angestrengt auf den Boden.

»Hallo, Robert! Wie geht's?«, rief Will, als er heranritt.

»Leidlich. Tja, leidlich.«

Will zeigte hinauf zum Berg.

»Ich werd all das Holz da oben kaufen, Robert, den ganzen Wald der Durhams.« Er deutete über die ausgedehnten Waldflächen.

Robert blickte ihn mit trüben Augen an.

»Hast du ihnen schon ein Angebot gemacht?«

»Noch nich. Mach ich aber. Hab's mir schon im Kopf notiert. Ich räum den Fluss frei und flöße das

Holz um den Berg rum. Hab schon damit angefangen.«

In dem Augenblick hörten sie zwei Explosionen vom Fluss her.

»Da bitte. Haste gehört? Ich spreng die Felsen im Fluss, dass sie aus'm Weg sind.«

»Glaubst du, Daniel wird dir das Holz verkaufen?«

»Von Daniel krieg ich nur noch NEIN zu hören, seit ich ihm die Crane-Creek-Farm abgekauft hab. Kann ich doch nichts für! Die geben mir die Schuld, dabei war's ihre eigene Dummheit. Aber irgendwann wird der schon an mich verkaufen.«

»Daniel ist ein sanfter Mensch«, sagte Robert. »Er mag Eidechsen, Eichhörnchen, Bäume, Kräuter, Bäche, Wasserfälle. Ein belesener Mann – ein Gelehrter!«

»Ach, du lieber Gott, Robert! Der Mann is doch blind wie 'ne Fledermaus, was die Kohle betrifft! So einem is nich zu helfen.«

Robert starrte still auf den Boden.

»Im Wald von den Durhams wachsen Eichen, sag ich dir, so riesige Bäume hab ich noch nie gesehen«, sagte Will. »Da steht 'n verwitterter Baumstumpf, vollkommen hohlgefault, der is so groß, dass 'ne ganze Familie mit Kind und Kegel reinpasst. Die könnten dadrinne glatt 'n Picknick machen.«

Robert antwortete nicht.

»Was is mit dir, Robert?«

»Ich suche Arbeit.«

»Wirklich?«

»Ja. Egal, was. Steck in ’ner Flaute. Vorübergehend.«

»Tja. Kommt schon vor, so was. Im Moment hab ich nichts für dich, Robert.«

»Ich arbeite auch bloß fürs Essen«, sagte Robert. »Muss die Zeit totschlagen.«

»Tut mir Leid, Robert. Hab grade nichts für dich.«

Will blickte McIvor nach, der bergab ging. Der Mann war dünn und biegsam wie eine Angelrute. Einmal stolperte er, fiel beinahe hin.

Will warf einen Blick auf seine hübschen Stapel Gerbrinde am Hang. Er verstand Robert nicht. Wieso konnte der nicht sehen, dass in diesen Bergen das Geld auf der Straße lag? Ja, sogar die beiden alten Damen in Clinchport lebten wunderbar von dem Schnaps, den sie heimlich aus ihrem eigenen Mais brannten!

Man konnte mit allem Geld machen. Mit Wiesen zum Beispiel – die im Moment kaum zu kriegen waren. Mit einem neuen Getränk. Sodabrause! Ein Witz war das! Die Frauen sagten: »Sodabrause? Ist da Alkohol drin?«

»Aber nicht doch, Ma’am!«

»Also gut, dann probier ich ein Schlückchen.«

Und ihre Ehemänner sagten augenzwinkernd: »Ich werd’s kosten, auch wenn kein Alkohol drin is!«

Die Leute brüsteten sich damit, das Getränk getrunken zu haben. Sie nannten es »Stoff«. Man brauchte bloß in einen Drugstore zu gehen und zu sagen: »Ein Glas Stoff, bitte.«

Mit illegalem Schnaps war Geld zu verdienen, aber eben auch mit einem Brausegetränk.

Will grinste über das Vermögen, das auf seinem Land angehäuft war. Mit der Rinde konnte er monatelang die Lohmühle der Gerberei füttern! Er hielt den Rohstoff für die Lohe so lange zurück, bis die Nachfrage den Preis hochtrieb. Das war so gut wie Geld auf der Bank.

Mit der Wasserkraft des kräftig strömenden Flusses konnte er eine Maismühle und eine Zuckerrohrmühle betreiben, neben seinem Sägewerk und seiner Weizenmühle.

Sogar Daniel würde kommen um Maismehl zu kaufen. Der wusste immer, wo's was günstig gab.

Aber das Sägewerk machte Will Sorgen. Bald würde er das Holz aus dem Wald der Durhams brauchen. Die würden doch kein Bargeld verschmähen!

Will fühlte sich unverwundbar. Riesenhaft. Als ob ihm nichts auf der Welt etwas anhaben könnte.

Um Mitternacht klopfte der Nachtportier an die Tür von Wills Hotelzimmer.

»Ihr Daddy hat angerufen. Bei der L & N brennt's.«

»Was brennt denn?«

»Hat er nicht gesagt. Sie sollen hinkommen.«

Will hörte die Bimmelbahn tuten. Ein Unglück suchte die Stadt heim – da waren mit Sicherheit Geschäfte zu machen.

Er zog seine Hosen an, schnappte seinen Mantel und eine Mütze, nahm auf seinem Weg die Treppe runter immer zwei, drei Stufen auf einmal. Draußen starrte er hinüber zu dem rötlichen Schimmer im Westen. Das musste die Lohmühle oder die Gerberei sein. Bloß nicht die Lohmühle, wo er doch so viel Rinde zu verkaufen hatte!

Doch sie war es. Als er ein paar Minuten später eintraf, war die Lohmühle ein Schutthaufen.

Aaron stellte sich neben ihn. »Ach, du lieber Gott«, seufzte er. »Ach, du lieber Gott.«

Will schloss die Augen und sah die Stapel mit Gerbrinde vor sich, die zu Lohe verarbeitet werden sollten. Er hatte noch nicht mal die Arbeiter bezahlt, die die Rinde abgeschält hatten! Das Geld auf dem Berg verwandelte sich plötzlich wieder in Baumrinde.

Ihm war übel.

Den Heiratsantrag an Toby Jane konnte er vergessen. Er musste bis Weihnachten warten, erst das Holz verkaufen. Aber er hatte schon so lange gewartet, was machten da ein paar Wochen aus?

Will strich durch seinen Wald auf dem Stone Mountain. Er hatte ein kleines Gewehr mitgenommen, falls ihm etwas vor die Flinte lief, das er Aarons Frau mitbringen konnte. Aber leider waren das Rotwild und auch die kleineren Tiere vor dem Lärm der Mühlen auf das Land der Durhams geflohen.

Will achtete auf die Pflöcke mit den grünen Punkten. Sie sicherten Daniels Land so gut wie ein hoher Zaun.

Gelegentlich schaute Will hinunter zu seinen Mühlen. Alles in Ordnung. Kunden fuhren mit ihren Wagen vor um Aufträge zu erteilen.

Mir geht's immer noch gut, dachte er. *Klappt doch alles bestens. Unsere Nummer zwei ist eine Goldgrube. Auch wenn ich mich kaum drum gekümmert hab.*

Und das Holz hier geht schnell weg. In der letzten Woche haben wir 'ne Pappel geschlagen, mit der kann man 'nen ganzen Ort bauen.

Die Rinde muss ich loswerden. Das wird sonst nich mehr.

Sofort lenkte er sein Pferd Richtung Stadt. Er suchte den Besitzer der abgebrannten Lohmühle auf, der schon dabei war, eine neue zu errichten. Will verkaufte ihm die Rinde zu einem Freundschaftpreis. Und machte trotzdem Gewinn.

Es amüsierte Will, dass die Leute aus der Stadt respektvoll an ihre Hüte tippten, wenn sie ihn sahen. Er galt als vermögender Mann.

Er achtete auf seine Kleidung, denn eines hatte er begriffen: Kleider machen Leute. Auf dem Heimweg machte er wie so oft beim Barbier Halt, wo die eleganten Handelsreisenden verkehrten. Will pflegte sie genau zu mustern, damit er wusste, was er sich kaufen sollte. Und wenn er was Neues anhatte, hoffte er Toby Jane zu treffen; ihr Blick sollte ihm verraten, ob er gut aussah. Aber es war hoffnungslos. Sie schien ihn gar nicht wahrzunehmen.

Amanda, die er regelmäßig besuchte, half ihm da auch nicht weiter. Sie hatte keine Vorstellung davon, was Männern gut stand.

Will hatte sich die Haare schneiden und sich rasieren lassen und aß im Hotel zu Abend. Er ging früh schlafen.

Heftiges Klopfen an der Tür weckte ihn.

»Mr. Carter! Mr. Carter! Die Telefonzentrale wünscht Sie zu sprechen.«

Will setzte sich auf. Die Telefonzentrale? Toby Jane!

Er eilte hinunter, am Nachtportier vorbei und griff nach der Hörmuschel. Dem klobigen Portier wandte er den Rücken zu.

»Was gibt's?«, rief er in den Apparat.

»Ich bin's, Toby Jane Durham.«

Ihre Stimme war kühl und distanziert. »Mr. Carter, ich habe ein Gespräch von Mr. Dunn in Crane Creek für Sie. Ich verbinde.«

Eisige Furcht kroch ihm über den Rücken.

»Komm schnell rauf, Will«, brüllte Henry. »Die Grube ist in die Luft gegangen.«

»O Gott, Henry. Wann?«

»Bei Schichtende.«

»Jemand verletzt?«

»'türlich. Sechs sind dringeblieben. Komm her!«

Henry hing ein. Aber Will drückte die Muschel weiter verbissen an sein Ohr. Hatte Toby Jane gehört, was Henry gesagt hatte? Sie hatte ihm prophezeit, dass das geschehen würde. Er lauschte, aber er hörte kein Atmen, kein Geräusch. Er hängte ein, immer noch im Zweifel.

Mit dem ersten Kohlezug fuhr er nach Crane Creek.

Was dann kam, war der schlimmste Tag seines Lebens. Will wies Freunde der toten Kumpel an, am Hang unterhalb des Schachteingangs Gräber auszuheben. Er sprach mit den Angehörigen, machte den Prediger des Bezirks ausfindig und ließ ihn holen. Versuchte dem Gebet zu folgen, das dem alten Mann so geläufig über die Lippen kam. Aber die ganze Zeit über musste er an die toten Arbeiter denken, an ihre gebeugten Körper bei der Arbeit im Stollen, an ihr Gelächter, das durch die Schächte schallte. Es schien unmöglich, dass sie tot waren. Schrecklich war das, furchtbar.

Später gingen Henry und Will zu den Witwen und gaben jeder hundert Dollar. Die Frauen verhielten sich anständig. Sie waren wie betäubt, erkannte Will plötzlich. Es fiel ihm schwer ihnen ins Gesicht zu sehen. Nur Elmer Kellys Frau starrte ihn mit stumpfen, trotzigen Augen an, als würde sie Will am liebsten ... aber was, das konnte er sich nicht vorstellen. Auch Toby Jane schaute ihn manchmal so an.

»Elmer war mein Freund«, murmelte Will.

»Ach ja? War er das?«, sagte sie laut. Sie ließ das kleine Päckchen mit den Zehn-Dollar-Scheinen an ihre Handfläche klatschen. »Wirklich?«

Will ließ sie stehen. Sie machte ihn nervös. Nie wieder wollte er so leiden müssen.

Zwei Niederlagen hatte er einstecken müssen: Der Brand der Lohmühle und die Explosion in der Nummer zwei. Mit ihm ging's bergab.

Aber die Rinde hatte ihm doch noch Geld eingebracht; und auch aus Nummer zwei würde er einen Gewinn pressen.

Er würde schon wieder hochkommen.

Als alles vorbei war, verkaufte er seinen Anteil an der Grube an Henry Dunn. Er erstand eine wunderschöne, schlanke Stute und hoffte, dass sie Amanda gefallen würde. Und dann ritt er mit den Taschen voll Bargeld westwärts nach Laurel Gap. Mühlen wollte er betreiben und Holz verkaufen. Von der Kohle würde er künftig die Finger lassen.

Das Geld stimmte ihn etwas heiterer. Auf dem Heimweg fing er plötzlich an zu jubeln. Laut sagte er: »Schluss mit Crane Creek. Keine zehn Pferde kriegen mich da wieder hin. Pass auf, Toby Jane, hier komm ich! Jetzt hol ich dich und euern Wald dazu!«

Niemand konnte ihn hören, nur sein Pferd zuckte mit den Ohren.

Bei dem Gedanken an Toby Jane hüpfte Wills Herz. Toby Jane war hübsch. Ihre wilde Schönheit hatte ihn schon gefesselt, als sie noch ein kleines Kind war. Jetzt, da sie eine Frau war, reichte ein einziger Blick von ihr um ihn zu betören.

Manchmal wollte er sich wegen ihr am liebsten auf den Boden werfen und weinen. Aber dann riss er sich zusammen und versteckte sich hinter seiner harten Schale. Es bereitete ihm ein mordsmäßiges Vernügen sie mit seinem kleinen Liebeslied zu ärgern.

Aber um ehrlich zu sein, er konnte gar nicht anders. Sobald er sie sah, drängte es ihn zu singen: *Ich knie vor dir, weil ich dich lieb.* Er himmelte Toby Jane an wie ein kleiner Junge die Lehrerin.

Vom Berg aus schaute er zu, wie sie im Garten der Durhams schuftete, zusammen mit ihrem Vater, der kaum noch richtige Arbeit tun konnte.

Will hatte gesehen, dass Daniel sich bewegte, als müsse er seine Füße zu jedem Schritt extra auffordern. Manchmal stützte er sich auf zwei Stöcke.

Wenn Daniel nicht so gemein und arrogant wäre, hätte Will mit denen da unten Mitleid empfinden können. Aber so grinste er bloß. Die Dinge entwickelten sich in seinem Sinn. Er war bereit den nächsten Schritt zu tun, was immer das sein würde. Der nächste Schritt, auf den kam es an.

Als er nach Hause kam, war seine schlechte Laune wie weggeblasen.

Aaron bekam einen Brief von Elisabeth, Wills Schwester, die in Los Tanos, New Mexico, wohnte. Aaron ging zu Will ins Hotel und beide setzten sich in die Hotelhalle um den Brief zu lesen. Dann las ihn Aaron noch einmal laut.

15. Oktober

Lieber Pa, lieber Will!

Ich schreib das, weil ich euch beide bitten möcht, dass ihr mich besuchen kommt. Es ist wirklich schwer ohne die Familie zu sein – das nagt wie Hunger, obwohl der Herrgott mich doch mit meinem guten Mann Pete und unseren Kindern gesegnet hat. Denkt dran, wir sind eure einzigen nahen Verwandten. Will, hier ist der richtige Ort für dich um was auf die Beine zu stellen. Die Regierung gibt jedem einhundertsechzig Acres, der die Courage hat das Land drei Jahre lang zu bewirtschaften. Pete glaubt nicht, dass wir je nach Hause zurückkommen. Hier gehört er jetzt her, sagt er. Den Kindern geht's gut und sie sind uns eine Hilfe. Es ist schlimm, dass es hier keine Schule gibt, aber irgendwann kriegen wir eine.

Will, wenn Pa nicht kommen will, dann komm du doch. Der Herr segne euch beide.

Eure Tochter und Schwester Elisabeth

Aber Will, wenn du hier bleiben willst, dann musst du reichlich Vorräte mitbringen und mindestens dreihundert Dollar.

Aaron griff nach Wills Hand. »Mein Gott«, sagte er, »den Brief hat sie vor sechs Wochen geschrieben, da wusste sie noch nicht mal, dass Lois und ich verheiratet sind.«

»Los Tanos, New Mexico«, sagte Will, die fremden Laute dehnend. »Das Land der unbegrenzten Möglichkeiten.«

Plötzlich merkte er, dass Aaron schniefte.

»Paw, jetzt flenn doch nich. Ich denk nach!«

Aaron schluchzte leise vor sich hin.

»Zum Teufel«, sagte Will. »Was sind schon drei Jahre! Mit 'ner Frau an der Seite, die ordentlich zupackt – na, so eine wie Toby Jane –, verwandle ich das Land glatt in 'nen Garten Eden. Auf alle Fälle, Paw.«

Aaron wischte sich die Tränen aus dem Gesicht und starrte Will an.

»Wirklich wahr«, sagte Will. »Ich bau mir 'n richtiges Königreich. Und ich geb mich doch nich mit einem Grundstück zufrieden. Zweitausend Acres will ich.«

Aaron klappte der Unterkiefer herunter. »Zweitausend? Wie kommst du denn auf die Idee?«

»So viel hatte Daniels Daddy. Nach dem Krieg hat der das Land an seine Kinder verteilt. Daniel war erst achtzehn, da hat ihm sein Vater das Grundstück am Crane Creek gegeben.«

»Ja, ich erinner mich.«

Will grinste ins Kaminfeuer. »Ich nehm zweitausend Acres, damit die mal sehn, was ich kann. Und reich werd ich, jawoll.«

»Ach, Will!«, sagte Aaron gequält. »Lauf doch bloß nich auch noch weg, weil du denkst, du wirst reich in der Fremde. Alle glauben das. Aber so is das nich. Die meisten können sich ihr Leben lang grad so über Wasser halten, ob sie nu hierher kommen oder weiter nach Westen ziehen. Kuck dir doch mal die Burschen an, wo aus New Mexico zurückkommen. Wie geprügelte Hunde laufen die rum. Lassen sich nieder, wo's reichlich Wasser gibt und rührn sich nich mehr von der Stelle. Allein der Gedanke an Wasser macht sie schon kribbelig. Sie sagen, dass sie nie, nie wieder irgendwo hingehn, wo sie jedes Pflänzchen bewässern müssen, weil's kein Wasser gibt.«

»Das passiert uns doch nich, mir und meiner Frau!«, sagte Will. »Als Erstes kümmer ich mich, dass ich genug Wasser hab. Grab mir einen Brunnen, einen Graben, einen Kanal, egal was.«

»Das kann einen Mann umbringen, so was!«, stöhnte Aaron.

»O nein, *ich* mach das doch nich. Dafür stell ich die an, wo's nich geschafft haben. Die wer'n schon arbeiten. Die täten sich umbringen bloß um das Geld für die Heimfahrt zu verdienen.«

Aaron schüttelte den Kopf, wischte sich noch einmal über die Augen und brach auf. Elisabeths Brief nahm er mit.

Am nächsten Nachmittag musste Will sich seine Erregung aus dem Körper laufen. Wie ein Puma auf der Jagd strich er durch die Felsen am Stone Mountain. Mit kräftigen Schritten stieg er stetig bergan.

Er und Toby Jane würden ein Gespann sein. Jawohl. Toby Jane konnte zupacken. Sie war sich für nichts zu schade, sie säte Hirse und mähte sie, sie brachte die drei Schafe der Durhams auf die kleine Wiese am Fuß des Berges. Machte ihr gar nichts aus, dass das hier in der Gegend heutzutage kaum mehr einer tat. Im letzten Monat hatte er gesehen, wie sie die Schafe zurück nach Hause gebracht hatte.

So wanderte er herum und schmiedete seine Pläne, und wie immer spukte Toby Jane in seinem Kopf herum, als wäre sie sein.

Als Will am Abend zurückkam, überquerte er die Bimmelbahnbrücke ohne auch nur einen Blick zu den Durhams hinüberzuwerfen, obwohl seine ganze Aufmerksamkeit dorthin gerichtet war. Er malte sich aus ihnen eine Kugel durchs Fenster zu ballern. Sie ordentlich aufzuschrecken aus ihrer Behaglichkeit.

Er blickte hinunter zum Fluss und versuchte herauszufinden, was da so weiß durch die Bäume schimmerte. Es war einer dieser riesigen, seltsamen Vögel, die mitunter auftauchten, allerdings selten so spät im Jahr.

Ein Kranich, dachte er. Na, denen hatte er schon bei Crane's Nest den Garaus gemacht. Auf einen mehr kam es nicht mehr an.

Er hob sein Gewehr, zielte sorgfältig, der Schuss löste sich krachend. Der Vogel erstarrte und stürzte hinab ans Flussufer ohne auch nur im Mindesten zu zucken. Nur die weißen Federn plusterten sich ein wenig in der Brise, die abends am Fluss entlangstrich.

Als Will zu dem Vogel hinunterstieg, stellte er staunend fest, dass dieser viel größer war als alle anderen, die er bisher getötet hatte. Will maß ihn sorgfältig mit seiner Handspanne. Fünf Fuß und sechs Zoll in der Länge, sechs Fuß und ein halber Zoll Spannweite der Flügel.

Will hob das Tier hoch. Man bekam ein anderes Gefühl für so einen Vogel, wenn man ihn in den Armen trug. Wenn der Kranich auf einem Ast im Baum hockte, lebendig und wachsam, dann schien er wild und fremd zu sein, vielleicht sogar gemein, als wollte er sich auf einen stürzen und einem ein Auge auspicken. Es tat gut so einen Vogel abzuschießen.

Aber wenn man den leblosen Körper trug, die offenen Augen sah, die so friedlich ins Nichts schauten, drängte sich einem ein anderes Gefühl auf, fast so was wie Trauer. Doch dann musste man schnell lachen, damit die Leute nicht glaubten, man wäre rührselig.

Er brachte den Vogel in die Zeitungsredaktion, damit sie in der nächsten Ausgabe darüber berichteten. Toby Jane würde es lesen und an ihn denken müssen. Wirklich, es wurde Zeit, dass er um die Hand dieser Frau anhielt.

Toby Jane, Juliet und Liza putzten wie besessen den Salon, polierten die Möbel mit Terpentinöl, fegten die Asche aus dem Kamin, hängten den Mistelzweig auf. Mama ruhte sich aus.

Plötzlich, ohne ersichtlichen Grund, fing Mama an zu weinen.

Liza war als Erste bei ihr und nahm ihre Mutter

fest in den Arm. Juliet starrte beide an und steckte den Mistelzweig zurück in den Beutel.

»Ist schon gut. Ist schon gut«, sagte Mama.

Aber es war nicht gut. Sie schluchzte wie ein Kind, die Tränen stürzten aus ihren weit aufgerissenen Augen.

Als es vorbei war, setzte sie sich auf die Bank des Harmoniums und bat: »Sagt Papa nichts.«

Sie versprachen es. Ja, gewiss. Aber ja doch.

»Ganz plötzlich ist mir der Gedanke durch den Kopf geschossen, dass ich noch nicht ein einziges neues Möbelstück bekommen habe, seit mein Elternhaus in New Place abgebrannt ist. So was Dummes. Daniel würde sich das schrecklich zu Herzen nehmen, wenn er es wüsste. Denkt doch mal an den Sekretär, den er gebaut hat, mit all den Schubladen und Fächern und Geheimverstecken. Der gefällt mir. Ehrlich wahr. Ein guter, wunderschöner Sekretär. Ich muss mich wirklich schämen, dass ich geweint habe. Meine Küchenschränke hat Daniel auch gebaut. Ich besitze so viele Möbel. Ihr müsst mir das nicht sagen, ich weiß das. Was er gebaut hat, kann sich sehen lassen, dabei war er so oft krank, und seit dem Krieg hat er Schmerzen im Rücken. Und ich sitz hier und weine!«

Toby Jane verstand, worum es ging. Mama stammte aus einem reichen Hause. Darüber hatten sie öfter heimlich gesprochen, hatten sich gefragt, wie sie damit zurechtkäme, so arm zu sein. Ihnen machte das nichts aus, sie waren daran gewöhnt;

lange Zeit war ihnen gar nicht klar gewesen, dass sie arm waren.

Mama regte sich immer noch über ihre Tränen auf. »Wie abscheulich von mir. Dabei würde ich im Leben meinen Brotschrank nicht für irgendein anderes Möbelstück eintauschen! Aber mir war plötzlich eingefallen, dass ihr Mädchen nicht mal eine Liebesbank habt, auf der ihr mit eurem Liebsten sitzen könnt! Und dass Daniel und ich auch keine hatten. Und was für eine Schande das ist, dass diese … verdammten … Yankees …«

»Verdammt«, dachte Toby Jane. *Mama hat »verdammt« gesagt!*

»… unser Haus angesteckt und unsere guten Möbel verbrannt haben. Ich musste mich mit Daniel in der Wohnküche vom alten Schulhaus treffen, in dem wir untergebracht waren. Wir saßen auf zwei ganz normalen Stühlen!«

Sie fing wieder an zu weinen. Für Mama hing das zusammen, begriff Toby Jane: dass erst sie selber keinen richtigen Platz hatte, an dem sie mit ihrem Liebsten sitzen konnte, und jetzt ihren Töchtern auch keinen bieten konnte. Doppelter Schmerz.

Die Blicke der drei Schwestern trafen sich. Es musste etwas geschehen. Eine Liebesbank musste her, sie mussten alles Geld zusammenwerfen. Juliet, die wegen der Ferien zu Hause war, hatte nicht einen einzigen Kupferpfennig, sie steckte alles Geld in ihre Ausbildung: Bücher, Kleidung, Füllfederhalter.

Liza besaß eine goldene Fünfdollarmünze, ein Geschenk von einem Onkel als Anerkennung für ihre Kochkünste.

Toby Jane war die Reichste von allen, denn sie arbeitete inzwischen in der Telefonzentrale und verdiente Geld. Die erste Telefonistin hatte gekündigt, Lucy Castle hatte dafür gesorgt, dass Toby Jane die Stelle bekam. Eine Viertelstunde hatte sie sie eingewiesen und war dann nach Hause gegangen. Sie arbeiteten abwechselnd in der Tag- und in der Nachtschicht. »Der Mensch muss ja auch Zeit für die Liebe haben«, hatte Lucy erklärt.

Toby Jane würde keine bessere Gelegenheit finden um ihr Geld auszugeben.

Die drei Mädchen gingen zu den Castles um von deren Telefon aus die Geschäfte der Umgebung anzurufen. Toby Jane, ohne Frage die Expertin im Telefonieren, führte die Gespräche.

In Laurel Gap gab es keine Liebesbank. Aber in Appalachia schon, und der Beschreibung nach war sie sehr hübsch. *Also gut. Kaufen wir sie unbesehen.*

Wie viel sollte sie kosten? Toby Jane verschlug es die Sprache. Ihr Geld reichte nicht annähernd. Sie gingen nach Hause um die Sache zu besprechen.

Sie könnten sich das Geld von ihren Freunden borgen: von Juliets Mervin Hinkley, Toby Janes rotschöpfigem Hugh Stallard, Lizas Robert McIvor. Robert aß einmal in der Woche bei den Durhams zu Mittag. In letzter Zeit war er nicht mehr gekommen. Er war dünn und bedrückt. Aber er setzte immer noch auf die Zukunft der Stadt.

Toby Jane glaubte, dass Robert und Liza sich liebten und nicht wussten, wie es weitergehen sollte. *Nehmt euch doch mal in den Arm,* war sie versucht zu sagen. *Umarmt euch bei jeder Gelegenheit, die ihr kriegen könnt.*

»Robert können wir nicht fragen«, sagte Liza. »In letzter Zeit ist er ein bisschen aus dem Lot.«

Ihre Schwestern nickten.

Lassen wir die Jungen aus dem Spiel. Versuchen wir es weiter. Zurück zu den Castles um bei Fullers in Appalachia anzurufen. Würden sie liefern, wenn sie die Hälfte jetzt bezahlten und den Rest in Raten von vier Dollar im Monat?

»Wer – die Töchter von Daniel Durham? Selbstverständlich! Wir schicken gerade eine Lieferung nach Laurel Gap. Ich sag gleich dem Fahrer Bescheid.«

Toby Jane schrie in den Apparat: »Halt, halt! Noch nicht heute Nachmittag. Wir müssen doch erst ...«

Aber bei Fullers war eingehängt worden. Toby Jane rief in der Zentrale an und Lucy Castle vermittelte sie. Fullers Anschluss war besetzt.

Immer wieder versuchten sie die verflixten Fullers zu erreichen, während Mrs. Castle sie mit dem neuesten Klatsch versorgte.

»Wusstet ihr eigentlich, dass Will Carter Amanda Wright den Hof macht?«, fragte sie.

»Amanda Wright?«, erwiderte Toby Jane. »Die oben am Berg wohnt?«

»Ja.«

»Aber die ist doch schon alt!«

Was für eine Unverschämtheit gleichzeitig um sie zu werben!

Alle paar Minuten rief Toby Jane Lucy an, bis Mrs. Castle unruhig wurde und die Mädchen aufgaben und nach Hause gingen. Sie hatten mehr als eine Stunde verschwendet.

Wie könnten sie ihre Eltern für den Nachmittag aus dem Haus schaffen?

Doch die Überraschung war bereits eingetroffen. Papa und Mama saßen im Salon auf einer anmutigen Liebesbank aus Mahagoniholz und strahlten ihre Töchter an. Und sie dachten überhaupt nicht daran aufzustehen, damit die Mädchen Probe sitzen konnten.

»Ihr macht jetzt, dass ihr rauskommt«, sagte Mama, wobei sie rot wurde wie ein kleines Mädchen. »Wir holen Versäumtes nach. Geht in die Küche oder sonst wohin und stört uns nicht.«

Toby Jane und ihre Schwestern gehorchten. Die Sache hatte geklappt.

»Sie hätten Danke sagen können«, bemerkte Juliet.

»Das haben sie«, antwortete Toby Jane.

Die Bimmelbahn tutete und Juliet rannte los. Sie kam mit Mervin (der einen neuen Anzug trug) zurück und brachte ihn zu den anderen in die Küche, damit Mama und Papa ihre Ruhe hatten.

Nach dem Abendessen führte Juliet zum Erstaunen aller Mervin zu der Liebesbank und dort saßen sie den ganzen Abend lang, unterhielten sich über das College und ihre Zukunft. Sie wollte Lehrerin werden und er Anwalt.

Was soll das, dachte Toby Jane, *das ist doch Mamas Liebesbank. Die beiden sollten aufstehen.* Sie blickte ihre Mutter an.

Mama thronte wie eine Königin auf dem geflochtenen Sitz eines Eichenstuhles.

Mervin und Juliet berührten einander nicht ein einziges Mal. Sie hielten sich an den seitlichen Lehnen der Bank fest und sprachen in so ausgesucht höflichen Worten miteinander, dass die Familie sich schließlich gähnend in die Küche zurückzog um sich über Äpfel und Hickorynüsse herzumachen.

Toby Jane verstand. Die Liebesbank erfüllte ihren Zweck, was Mama genau gewusst hatte.

Toby Jane beschloss sich niemals mit einem Jungen auf die Liebesbank zu setzen, es sei denn, sie hätte ernsthafte Absichten.

Die toten Dezemberblätter lagen wie ein rotbrauner Teppich auf den Hängen der Berge. Die Bäume schliefen, nackt und starr, kein Blatt mehr, das im Wind hätte spielen können.

Eine traurige Zeit. Papa mochte nicht ans Fenster gehen um den sich verändernden Berg anzuschauen. Juliet erfand ein Ratespiel um ihn aufzumuntern. (Wer ist Papa? Ein Mensch, der denkt. Wer bist du, Toby Jane? Ein Mensch, der handelt. Wer ist Will Carter? Ein Mensch, der zerstört.)

Toby Jane zählte die Wochen, die verstrichen waren, seit Papa das letzte Mal den Fuß von ihrem

Grundstück gesetzt hatte. »Er fängt sich schon wieder«, sagte Mama. »Das war bis jetzt immer so.«

Mit der Stadt ging es wieder voran. Von den östlichen Hügeln zogen Leute zu. Fast täglich erfuhren die Durhams von der Ankunft eines Cousins oder ehemaliger Nachbarn, die von Poplar Hill und Bland über Crane Creek bis hierher denselben Weg genommen hatten wie sie zuvor. Die alten Fußpfade waren inzwischen zu Fahrwegen ausgebaut, manche sogar mit Schotter befestigt.

Laurel Gap war das Gelobte Land, so hieß es. Und beim Anblick der gottgegebenen Schönheit des Ortes wusste Toby Jane, dass es stimmte. Aber trotzdem gab es Leute, die von hier noch weiter westwärts gingen. Als sie mit Papa darüber sprach, merkte sie, dass sie selbst überhaupt keine Lust hatte gen Westen aufzubrechen.

Toby Jane arbeitete regelmäßig in der Fernsprechzentrale. Sie liebte ihre Arbeit, kannte jede Nummer im Ort auswendig, stand mit der ganzen Stadt in Kontakt. Innerhalb von Minuten konnte sie mit fast jedem sprechen. Sie war erstaunt, wie viele Menschen dazu bereit waren, eine Meile weit die Straße langzulaufen nur um jemanden ans Telefon zu holen. Toby Jane war die Verbindungsstelle, die heimliche Dirigentin aller Gespräche in der Stadt. Sogar die Kohlebosse waren höflich zu ihr.

Zu ihren Pflichten gehörte es, Besucher in Mr. Lanes Büro zu geleiten.

Heute kam ein kleiner Mann, kaum größer als Toby Jane, in die Telefonzentrale, nickte der jungen Frau zu und lächelte. Als er sah, dass sie mit einem Gespräch beschäftigt war, setzte er sich und wartete, ohne den Blick von ihr zu wenden. Er war modisch gekleidet, hatte lockige schwarze Haare und freundliche Augen; ein vorsichtiger Mensch, für den nichts selbstverständlich zu sein schien, nicht einmal das Sprechen. Toby Jane war mit der Vermittlung von Gesprächen beschäftigt. Die Nummer bitte – bitte, die Nummer – die Nummer bitte. Einmal musste sie ungebetene Mithörer aus der Leitung werfen. »Familie Mullins? Würden Sie bitte aus der Leitung gehen? Bitte!«

Mehrmals blickte sie hilflos zu dem Mann hinüber und bedeutete ihm schließlich mit einem Winken, er möge zu Mr. Lane ins Büro gehen. Einen Augenblick später war er zurück und fragte höflich, ob er etwas zu lesen haben könnte.

Toby Jane lächelte und zeigte auf die neue Ausgabe der SATURDAY EVENING POST. Konzentrierte sich wieder auf ihre Arbeit Telefonverbindungen für den morgendlichen Klatsch herzustellen.

Der Mann ging noch einmal ins Büro. Als er zurückkam, hatte er Mr. Lane im Schlepptau. Wieder berührte Toby Jane der warme Blick des Fremden. Sein Lächeln wurde breiter; der Mann sprühte geradezu vor Freude und Zärtlichkeit.

Die Telefondrähte spielten mit, sie blieben still.

Mr. Lane lächelte gequält. »Ich hasse es eine gute Angestellte wie Sie einem jungen Mann vorzustellen. Miss Toby Jane, dies ist Mr. Irsh Loghlan.«

Irsh? Wo hat er denn den Namen her?

»Guten Tag«, sagte sie.

»Guten Tag, Miss Durham. Ich will Ihnen gleich die Wahrheit sagen. Ich heiße Lee. Er macht sich lustig über mich, weil ich irischer Herkunft bin.«

Oh. Deshalb Irsh. Er ist aus Irland?

Er blickte sie so eindringlich an, dass er ihr die unausgesprochene Frage vom Gesicht ablesen konnte.

»Die Eltern meines Vaters stammen aus Irland. Oh, da sind Sie enttäuscht? Wär's Ihnen lieber, ich selber käm von da?«

Er schob den Läufer beiseite und legte plötzlich einen Tanz auf die Dielen, wie Toby Jane ihn nie zuvor gesehen hatte. Seine Füße musizierten mit den Dielenbrettern – Toby Janes Fuß tappte unwillkürlich im Takt mit. Dann hielt Mr. Loghlan plötzlich inne, ließ seinen Hut den Arm hinunterrollen, fing ihn auf und verbeugte sich.

»Eine irische Gigue, die mir mein Vater beigebracht hat. Ohne den Trick mit dem Hut allerdings.«

Toby Jane und Mr. Lane klatschten anerkennend, doch gleich darauf musste sich Toby Jane wieder dem Klappenschrank zuwenden, der sich lärmend bemerkbar machte. Mr. Lane ging in sein Büro zurück.

Mr. Loghlan wartete, bis sie eine Verbindung ausgestöpselt und eine andere hergestellt hatte. »Miss Durham, ich wollte fragen, ob Sie etwas dagegen hätten, wenn ich Sie zu Hause besuchte um Ihre Eltern kennen zu lernen?«

Sie zögerte. *Ich mag ihn, ein temperamentvoller Mann, der …*

»Ich bin vollkommen solide. Ich arbeite für die Kohlegesellschaft. Ich wohne im Hotel. Schon lange habe ich auf eine Gelegenheit gewartet Ihnen vorgestellt zu werden.«

… vielleicht …

»Sie mögen mich nicht. Tut mir Leid. Ich werde warten, bis …«

… katholisch ist.

»Sind Sie katholisch?«

Die Worte platzten aus ihr heraus.

Auf seinem Gesicht zeigte sich ein bekümmerter, gleichwohl verständnisvoller Blick.

»Nein. Aber mein Vater ist katholisch. Meine Brüder auch. Ich weiß noch nicht, was ich bin.«

»Das dürfen meine Eltern nicht wissen.« Sie hätte das nicht sagen dürfen. Es machte sie zu seiner Verbündeten, gegen ihre Mama und ihren Papa.

»Wie Sie wollen. Dabei kann es auch ein ganzes Leben lang bleiben, wenn Sie es wünschen.«

Sie musste aufpassen, durfte ihn nicht so nah kommen lassen. Sonst glaubte er am Ende noch, er könnte sich was herausnehmen.

»Ich werde meine Eltern fragen, ob sie Sie kennen lernen wollen.«

»Danke.« Mehr sagte er nicht. Er hielt den Hut in der Hand, bis er aus der Tür war, setzte ihn auf, lief die Straße entlang, wobei er umsichtig den

Schlaglöchern auswich. Toby Jane hatte ihren Platz verlassen und schaute ihm nach. *Der gute Mann hat ja noch nicht einmal einen Mantel,* dachte sie erstaunt. Plötzlich fing er wieder an die Gigue zu tanzen. Bei einem abschließenden Luftsprung schlug er beide Hacken in der Luft zusammen, bevor er um die nächste Ecke verschwand.

Was für ein alberner, sympathischer Kerl!

Ein anderer Gedanke schoss ihr durch den Kopf. *Ich glaube, ich kann das auch!*

Sie lupfte ihren Rock ein wenig, sprang hoch und schlug die Hacken aneinander. Landete sauber. Sie war ausgesprochen zufrieden mit sich, bis sie Mr. Lane mit offenem Mund an der Tür stehen sah. Ohne ein Wort zu sagen oder auch nur im Mindesten anzudeuten, dass sie eben etwas völlig Ungewöhnliches getan hatte, setzte sie sich an ihren Platz.

Sie wusste nicht, wie sie ihren Eltern von Irsh erzählen sollte. Papa würde es vermutlich nicht für sehr schicklich halten, wie sie den fremden Mann kennen gelernt hatte.

Es dauerte bis zum Morgen des Heiligen Abends, bis Toby Jane wieder von Irsh hörte. Zum ersten Mal seit der Grundschule bekam sie einen persönlich zugestellten Brief.

Garfield, der Portier des Hotels (ein hagerer, grauhaariger Schwarzer, der alles über persönliche Botschaften wusste) überreichte ihr im Salon das Briefchen und meinte, er würde warten, falls sie eine Antwort mitgeben wolle.

Auf dem Umschlag stand in eleganten Schriftzügen:

Miss Toby Jane Durham
Laurel Gap

Äußerlich kühl und gelassen schlitzte sie den Umschlag auf, dabei schwitzte sie wie eine Bäuerin.

Monte Vista Laurel Gap 24. Dezember

Miss Toby Jane Durham

Bitte haben Sie die Freundlichkeit und nehmen Sie meine besten Wünsche für ein fröhliches Weihnachten und ein gesegnetes neues Jahr entgegen

Lee Cleary Loghlan (der Ire)

Köstlich, wie er auf alle Satzzeichen verzichtete. Papa durfte das nicht zu sehen bekommen.

Mama schaute ihr über die Schulter. »Mit Boten überbracht. Der Mann ist aber ein Verschwender!«

Ohne zu wissen, wie ihr geschah, fuhr Toby Jane sie zornig an: »Er will einen guten Eindruck auf mich machen. Kannst du das nicht verstehen? Was ist denn dabei?«

Amüsiert wich Mama zurück und sagte beschwichtigend: »Ach so. Willst du ihm eine Antwort schicken?«

»O Mama, was soll ich denn sagen? Ich weiß es nicht. Auch Ihnen ein fröhliches Weihnachtsfest?«

»Garfield, kommen Sie mit in die Küche und trinken Sie einen Kaffee, während die Dame ihr Meisterwerk verfasst.«

Mama und Garfield grinsten beide, als wären sie jeden Tag mit solchen Dingen beschäftigt. *Nicht zu fassen, wie Menschen sich über die ernsthaften Probleme anderer lustig machen können!*

Als Mama aus dem Salon ging, drehte sie sich um: »Sag ihm, deine Eltern würden ihn höflich bitten morgen Mittag zum Weihnachtsessen zu kommen.«

Genau das schrieb sie auch. Und Irsh kam. Zunächst lächelte er nervös, begriff dann aber sofort, dass ihr Vater sich nach einem richtigen Männergespräch sehnte. Er erfuhr, dass Papa ein Freimaurer war, aber inzwischen nicht mehr zu den Logensitzungen gehen konnte, was ihm sehr Leid tat. Irsh sagte zu Toby Jane, er werde den Freimaurern beitreten und ihrem Vater nach jeder Sitzung alle Neuigkeiten berichten.

Papa war zurückhaltend, beinahe schwermütig; er ließ Lees Charme und beharrliche Freundlichkeit nicht an sich heran. Plötzlich verstand Toby Jane, was ihn bewegte. *Du glaubst, du wirst mich verlieren, Papa. Aber das wird nicht geschehen. Niemals. Keine Bange.*

Es war leicht sich mit Irsh zu unterhalten. Wenn alte Familienwitze erzählt wurden, wusste er stets einen draufzusetzen.

Irsh hatte nichts zu verbergen. Er stammte aus Indiana. Sein Vater war irischer Abstammung; die

Familie seiner Mutter war vor zwei Generationen aus England eingewandert.

»Nein, Ma'am«, antwortete er, als Mama sich erkundigte, ob er verheiratet sei. Toby Jane war diese Frage so peinlich, dass sie beinahe in Tränen ausbrach. Auch verlobt sei er nicht, sagte Irsh. Und dabei warf er Toby Jane einen Blick zu, als wollte er das nicht nur ihrer Mutter mitteilen.

Er war erst zwanzig, hatte aber schon in einer Fabrik gearbeitet, wo Ammoniak hergestellt wurde; war bei zwei Eisenbahngesellschaften beschäftigt gewesen; hatte während der Depression seine Stelle verloren; hatte geangelt, gejagt, war Schlittschuh gelaufen und hatte Baseball gespielt; in Ohio hatte er für die Ohio and Electric Railroad gearbeitet, bis die Firma Pleite gegangen war; er war mit Tee am Nachmittag aufgewachsen, zu dem es Windbeutel und Marmeladenbrötchen gegeben hatte. All dies brachte Mama im Gespräch mit ihm heraus, obwohl sie immer höflich blieb und es nie so wirkte, als wolle sie ihn ausfragen.

Mama entlockte ihm sogar das Geständnis, dass er schon mit vielen Mädchen ausgegangen war, wobei er Toby Jane schüchtern einen entschuldigenden Blick zuwarf.

Es war erstaunlich, dass ein Mann von Welt wie dieser Irsh sich für ein Mädchen wie sie interessieren konnte.

Nach dem Essen setzte sich die Familie in den Salon. Zum ersten Mal saß Toby Jane mit einem

Mann auf der Liebesbank. Ihre Eltern ließen sie nicht aus den Augen.

Es war schon dunkel, als er ging. Er hatte noch nicht einmal ihre Hand berührt; trotzdem war sie vollkommen aufgewühlt und sie wusste ganz genau, dass sie sich verliebt hatte in diesen anständigen und liebenswerten Mann.

Als sie Irsh an die Haustür brachte, sah sie, dass es schneite. Irsh beachtete den Schnee nicht weiter und setzte seinen Hut erst im Gehen auf. Wieder trug er keinen Mantel. Toby Jane war versucht mit Papas altem Mantel oder einer Decke oder irgendetwas hinter ihm herzulaufen, was ihn warm und trocken halten würde. Aber sie wusste, dass sie das nicht durfte. Einen Menschen wie Irsh würde jede Anspielung auf seine Armut nur in Verlegenheit bringen.

Am letzten Sonnabend im Dezember lud Will Aaron und Lois zum Austerndiner im neuen Hotel ein. Er genoss die Mahlzeit, aber er hörte seinem Vater und seiner Stiefmutter nur mit halbem Ohr zu. Er dachte, wie herrlich, ja, fantastisch es wäre, wenn er mit Toby Jane am Tisch säße. Dann wäre es wirklich ein schöner Abend.

Jetzt ist der richtige Zeitpunkt, dachte er plötzlich, *jetzt, wo ich schick angezogen bin und mich so richtig reich fühl!*

Nach dem Essen brachte er Aaron und Lois nach Hause und begab sich zu den Durhams. Unangemeldet klopfte er am Hintereingang zur

Küche und trat ein, als wäre er ein naher und geliebter Verwandter.

Die Durhams, Daniel, Mattie, Toby Jane und ihre beiden Schwestern, saßen noch zu Tisch. »Hallo, ihr Lieben!«, sagte er aufgeräumt mit tiefer Stimme. Stille hing im Raum. Will lächelte trotzdem.

Matties gute Kinderstube (sei höflich, auch zu deinen Feinden) ließ sie sagen: »Na so was, Will! Setz dich. Möchtest du Kaffee?«

Lächelnd nickte er.

»Toby Jane?«, sagte Mattie auffordernd.

Toby Jane starrte auf ihren Teller, so dass eine unangenehme Pause entstand. Liza stand schnell auf und goss den Kaffee ein.

Will hatte sich gegenüber von Toby Jane hingesetzt. Er bemühte sich sie nicht direkt anzusehen, wandte sich Daniel und Mattie zu. Er würde alle anderen Themen vermeiden; Toby Janes Alter nicht erwähnen; sonst dachten sie womöglich, er wollte sich an einem Kind vergreifen. Von Politik durfte er nicht sprechen, denn er wusste, dass die republikanische Regierung Daniel den letzten Nerv raubte.

Er würde sich strikt an sein Vorhaben halten und um die Hand ihrer Tochter bitten. Alles war genau durchdacht. Er würde Rücksicht auf ihre Gefühle nehmen, genauso wie damals, als er sie überredet hatte ihm Crane Creek zu verkaufen. Er wusste, wie man jemanden überzeugte.

Endlich machte Daniel den Mund auf.

»Kalt draußen.«

»Ziemlich frisch.«

»Schon gegessen?«

»Jap. Hab Aaron und Lois zum Austerndiner eingeladen.«

»Hhm«, machte Mattie. »Das war bestimmt gut.«

»O ja. Sehr gut.«

Aber dann kam die Stille wieder. Die Frage hing im Raum: WILL, WAS WILLST DU HIER?

Er fing an sich zu erklären. »Ich möcht mit euch über was reden.« Seine Stimme hallte, als wäre die Küche leer. »Ich weiß ja, dass ich noch nie mit Toby Jane ausgegangen bin. Wir waren noch nie im Theater zusammen oder beim Konzert, noch nich mal beim Picknick, haben auch nie zusammen ein Kirchenlied gesungen. Aber das macht mir nichts. Ich brauch 'ne Frau wie sie. Hab sie im Garten arbeiten sehn.«

Er schaute Toby Jane an, die ein neues graues Kleid trug. Der hochgeschlossene Kragen betonte ihren zarten Hals, der Bund markierte ihre schmale Taille und hob ihre Brüste hervor. Ihr rotes Haar glänzte im Lampenlicht wie ein Heiligenschein; ihre großen blauen Augen blickten ernst; ihr ganzen Wesen war von unwiderstehlichem Reiz. Will atmete hastig.

Er bemerkte, wie Juliet und Toby Jane Blicke tauschten.

Lieber Gott, mach, dass sie nich kichern.

»Ich weiß, sie wird mein Haus in Ordnung halten und meine Kinder ordentlich erziehen. Sobald ich richtig reich bin, könnt ich Leute aus der bessren Gesellschaft in meinem Haus empfangen. Und ich weiß, ich brauch mich nie wegen ihr oder ihrer Herkunft schämen.«

Er hielt inne, damit Daniel und Mattie etwas erwidern konnten. Doch sie blieben stumm wie Fremde.

Also fuhr er fort: »Und da is noch was, was ich gestehen muss: Toby Jane is die schönste Frau, wo ich gesehn hab. Auf eurer Veranda, bei Feiern und so hab ich jede Menge junge Männer gesehn, wo besser aussehn wie ich und reicher sind wie ich. Und ich weiß, dass sie sie wollen. Ich hab Toby Jane mit Hugh Stallard gesehn und die beiden haben gelacht und gealbert, wie wenn das ganze Leben ein einziges Vergnügen wär.«

Er zögerte, wollte nicht zugeben, was er fühlte, doch schon durchpflügten seine Worte die schwere Stille.

»Mir kommt die Galle hoch, wenn ich Stallard seh. Mir wird regelrecht schlecht. Das geb ich zu. Und ich hab gehört, dass junge Kerle für immer das Trinken und Tanzen aufgeben, weil Mattilda das nicht mag. Und Mattilda, ich hab auch gehört, dass du als junges Mädchen selber getanzt hast.«

Mattie nickte. »Das stimmt«, sagte sie.

Toby Jane hat auch Abstinenz geschworen, dachte er. *Aber das macht mir nichts. Sogar Daniel weiß nich, dass Aaron und ich hinten im Wald, wo die Bäche keine Namen haben, Schnaps brennen lassen. Gute Brennereien sind das, wo raue Männer schaffen. Die würden nie und nimmer sagen, wer die Kupferrohre und das Getreide gekauft hat, auch wenn sie gefoltert würden. Wir alle, die Arbeiter, Aaron, ich, wir verdienen Geld damit. Toby Jane brauch das nich wissen. Wenn wir erst mal verheiratet sind, mach ich sowieso, was ich will. Meine Sache, ob ich nu trink oder nich. Ein Mann kann nich zulassen, dass 'ne Frau über sein Leben bestimmt.*

Daniel und Mattie verharrten mit ausdruckslosen Gesichtern, während Toby Jane, um die sich das Gespräch drehte, die Wange in ihre aufgestützte Hand legte und träumte. Sie hatte die weichen Züge einer erwachsenen Frau, was Will zuvor noch nie aufgefallen war.

»Ich will euch erzählen, was ich vorhab«, erklärte Will lächelnd und höflich. »Ich will mir 'n paar Grundstücke zulegen, zusehn, dass ich 'ne regelmäßige Geldquelle aufbau, damit ich Toby Jane alles besorgen kann, was sie brauch. Und dir auch, Daniel, wo du mit deinem Rücken so Probleme hast. Ich unterstütz euch alle, wie meine eigene Familie, weil ihr ja dann zu meiner Familie gehört, wenn ich und Toby Jane heiraten. Ich hab schon ein paar Mühlen am Fluss, das wisst ihr ja, und die bringen die ganze Zeit Geld. Und das werd ich vernünftig ausgeben.«

Daniel und Mattilda hatten immer noch kein Wort gesagt, obwohl er Mattie laut atmen hören konnte. Sie hatte mit Asthma zu kämpfen, wenn sie erschöpft oder beunruhigt war.

Ich muss mehr machen wie bloß handeln um Toby Jane, dachte Will plötzlich.

»Ihr beide wisst, dass ich sie liebe. Ich hab Toby Jane schon geliebt, wie sie noch 'n kleines Mädchen war, und ich hab sie groß werden sehn und hab auf sie gewartet. Könnt mich nie mit 'nem anderen Mädchen abfinden.«

Ein eisiger Schrecken durchfuhr Will. Wusste Daniel von Amanda? Unsinn, natürlich nicht. Daniel kümmerte sich nicht um Klatsch und Tratsch. Trotzdem schwieg Will nun und wartete darauf, dass Daniel sich äußerte, Ja oder Nein sagte. Doch Daniel ließ sich Zeit. Die nur durch Matties heftiges Atmen unterbrochene Stille wurde langsam peinlich. Endlich ergriff Daniel das Wort.

»Du willst, dass wir für sie entscheiden?«

»Nein, nein, Daniel.« Will warf Toby Jane einen verzweifelten Blick zu. Das Mädchen lehnte am Küchenschrank, so entspannt und träumerisch, als hätte sie mit der ganzen Sache nichts zu tun. Schien vollkommen ungerührt.

»Ich will nur erst mit euch reden, damit ihr wisst, was ich vorhab.«

»Gut. Selbstverständlich würden wir mit keinem Wort versuchen sie zu beeinflussen.«

Will wusste, dass das nicht stimmte. Er hatte von einem jungen Mann gehört, der sich direkt an Toby Jane gewandt und um ihre Hand angehalten hatte, und Daniel hatte ihm ohne Umschweife zu verstehen gegeben, dass er sich schleunigst aus dem

Staube zu machen habe. Aber der Bursche gehörte nun nicht gerade zu denen, die man als *anständig* bezeichnen würde. Nun, es lag einzig und allein an ihm selber. Schluss mit dem albernen Singen; Schluss mit Liedern wie ›Komm durchs Fenster, meine Liebste‹, obwohl just in diesem Moment die Melodie in seinem Kopf summte und immer lauter wurde, so dass sie ihn fast zu Tränen rührte. Er wandte sich an Toby Jane.

»Möchtest du mit in den Salon kommen?«, fragte Toby Jane plötzlich, als wachte sie auf.

Ja. Ja. Alles, um einen Augenblick mit ihr allein zu sein, fort von Daniels Augen und Matties Schnaufen. O Gott, ja doch!

»Gerne«, sagte er.

Er folgte ihr in den Salon. Voller Verwunderung darüber, wie leicht es gegangen war. Entbrannt vor Liebe.

Sie vermied die hübsche Liebesbank – die er zum ersten Mal sah – und setzte sich in einen Schaukelstuhl. Sie deutete auf einen Stuhl auf der anderen Seite des Raumes. Er bemühte sich ein Gespräch in Gang zu bringen. »Wir könnten nach Los Tanos ziehen«, sagte er. »Das wär ein großartiges Abenteuer und wir könnten da reich werden.«

»In der Zeitung steht, dass es dort im Umkreis von zehn Meilen kein Wasser gibt«, murmelte sie uninteressiert.

Schließlich fragte er sie, ob sie ihn heiraten würde.

»Toby Jane, ich möcht dich bitten meine Frau zu

werden. Ich liebe dich und werd dich immer in Ehren halten.«

Ihre Antwort traf ihn wie ein Schlag.

»Und du glaubst, damit kannst du wieder gutmachen, was du Papa und uns allen angetan hast?« Er wich dem Blick ihrer Augen aus, die ihm wie Waffen vorkamen. »Nein! Nein, ich werd dich nicht heiraten. Niemals. Nie im Leben.«

Will zitterte vor Scham und Wut. Toby Jane zeigte ihm die kalte Schulter. Schließlich gehorchte ihm seine Stimme wieder.

»In Gottes Namen, sag mir eins, Toby Jane, wie viel Land muss ich besitzen, wie viel Geld muss ich haben, damit du mich heiratest?«

Sie starrte ihn erstaunt an. »Geld? Was hat denn das damit zu tun?«

Es war ihm klar, dass sie die Wahrheit sagte. Sein Geld spielte überhaupt keine Rolle.

»Es geht nicht darum, *was* du machst, Will. Sondern *wie* du's machst, das ist so schrecklich. Du fällst alle Bäume statt nur die brauchbaren zu nehmen. Bei der Kohle geht's dir um schnelles Geld, das Leben der Menschen ist dir egal. Du hast unser Land gekauft. Da ist nichts gegen zu sagen, aber du warst nicht ehrlich zu uns.«

Darauf wusste er eine Antwort. »Das *Wie* spielt überhaupt keine Rolle. Nur auf das *Was* kommt es an.«

Sie betrachtete ihn einen Augenblick lang.

»Vergiss einfach, dass es mich gibt, Will Carter. Ich würde dich nicht heiraten, auch wenn mein

Leben davon abhinge. Geh zurück zu Amanda Wright.«

Sie wusste von Amanda! Doch deswegen hatte sie ihn nicht zurückgewiesen. Er ließ sie kalt. Für sie existierte er nicht. Der Schock warf ihn um wie eine Sturmböe. In seinen Ohren brauste es und er fühlte sich vollkommen überfahren. Bei seiner Ankunft war er zuversichtlich gewesen, doch jetzt war er am Boden zerstört.

Er zitterte. Es war kalt im Salon. Die Durhams hatten noch nicht mal ein Feuer angemacht, bevor sie ihn eintreten ließen. Will stand auf, wollte seinen Hut aufsetzen und bemerkte, dass er ihn die ganze Zeit auf dem Kopf getragen hatte, während er mit Daniel und Mattie gesprochen, sogar als er um Toby Janes Hand angehalten hatte. Will ging hinaus, überließ es ihr die Tür hinter ihm zu schließen, hörte leise das Schloss einschnappen, stapfte davon.

Staunend bemerkte er, dass der Boden immer noch mit weihnachtlichem Schnee bedeckt war, inzwischen allerdings mit einer Rußschicht überzogen. Will lenkte seine Gedanken auf seine Geschäfte.

Schnee zu Weihnachten – das versprach eine gute Ernte im Sommer. Die Mais- und Weizenmühlen würden ausgelastet sein.

Er nahm einen tiefen Atemzug frischer Winterluft, wartete darauf, dass ihn der Schmerz übermannte, atmete noch einmal tief durch – und spürte einzig und allein Wut. Umbringen würde ihn das nicht, trotzdem war er drauf und dran, vor Zorn loszubrüllen, denn er war sich nicht sicher, ob er es ohne Toby Jane in Los Tanos schaffen würde. Er brauchte ihre Kraft, ihre Unterstützung und ihren Trost in schlechten Zeiten.

Er blieb still im Schnee stehen und schloss die Augen um plötzlich aufsteigende Tränen zurückzuhalten. Es war nicht nur ihre Kraft, die er brauchte. Er wollte Toby Jane, wollte sie bei sich haben, wo immer er war.

Dann kann ich Los Tanos auch abschreiben. Ohne die starke, schöne Toby Jane an seiner Seite zerplatzte dieser Traum wie eine Seifenblase.

Erst als Will die Bimmelbahnbrücke überquert hatte, konnte er wieder einen klaren Gedanken fassen.

Sie liebt die Wälder. Toby Jane hat schon immer den Wald geliebt. Bei Gott, sie wird die Bäume die Hänge runterrollen sehn, bis kein Vogel mehr ein Fleckchen für sein Nest findet. Ich schlag 'ne Kerbe in den Berg da oben, von wo sie nich wegkucken kann. Das wird sie nie vergessen.

Die Leute hörten auf den anhaltenden Frost einen »Kälteeinbruch« zu nennen. Will Carter kam das eisige Wetter gerade recht, es passte zu seinem Zorn. Mit grimmigem Lächeln sah er zu, wie seine Baumstämme den Berg herunterpolterten, und er lauschte zufrieden, wenn seine Männer die Steine aus dem Fluss sprengten, der ihm bald zum Flößen seiner Stämme dienen würde. Sogar direkt hinter dem Haus der Durhams ließ er Sprengladungen explodieren und er grinste sich eins, wenn er sich ihre erschrockenen Gesichter vorstellte.

Gibt's kein Gesetz, wo das verbietet, dachte er.

Warm angezogen stapfte er durch die Stadt und hielt die Augen offen. Sein Blick war so abweisend, dass die Handelsleute zögerten ihn anzusprechen.

Laurel Gap hatte jetzt etwa zweitausendfünfhundert Einwohner, eine stattliche Zahl. Trotzdem machten sich die Leute Sorgen. Würde die Stadt überleben? Bei jungen Städten wusste man das nie. Noch immer schossen Jäger in den Bergen wilde Truthähne, der beste Beweis, dass Laurel Gap noch mitten in der Wildnis lag.

Will ging zu der neuen Schnittwarenhandlung, wo es Hüte, Schuhe, Herrenbekleidung, Handschuhe, vor allem aber Stoffe gab: Baumwolle und Leinen und Wolltuch, Kleiderstoffe, die per Yard oder Rolle verkauft wurden.

Mit kaltem, schroffem Blick durchforstete Will den Laden, bis er sich schließlich für eine Rolle schottischen Wolltuchs entschied, den teuersten Stoff im ganzen Laden. Er zahlte den Preis ohne mit der Wimper zu zucken.

Er ritt zu Amanda hinauf und brachte ihr den Stoff. »Hier«, sagte er zu ihr, »näh dir ein Kleid draus, und morgen Abend gehen wir ins Hotel zum Essen.«

Amanda starrte den Stoff an, legte die Hände auf das blau und grün karierte, mit roten Fäden durchwirkte Tuch, so dass Will schließlich auch bemerkte, wie schön es aussah.

»Du meinst, ich soll ein Stück abtrennen für ein Kleid und du willst den Rest zurückhaben?«

»Hab ich nie gesagt. Is alles dir. Mach damit, was du willst. Du wirst die einzige Frau in der Stadt sein mit ’nem Kleid aus diesem Stoff.«

Es war ein verwegenes Geschenk. Eine andere Frau hätte ihm vielleicht in den Ohren gelegen und gejammert: »Mein Gott, daraus kann ich zehn Kleider nähen und einen Anzug und es bleibt immer noch genug übrig, dass ich dir für den Rest deines Lebens Winterhemden machen kann. Und noch ’ne Sofadecke dazu.« Er fürchtete einen Augenblick, dass sie so etwas sagen würde. Amanda schaute ihn mit weit aufgerissenen Augen und zitternden Mundwinkeln an. In ihrem Blick glaubte er zu lesen, dass sie ihn mochte, so wie er war, und nicht wegen seiner Geschenke. Einen kurzen Moment war er sogar versucht sich ihr in die Arme zu werfen und seine Wut über Toby Jane herauszuschreien. Natürlich tat er das nicht.

Amanda ließ sich begeistert über einen neuen Schnitt aus, über Garn und Knöpfe. Alles musste zu diesem herrlichen Stoff passen. Es würde Zeit kosten.

Er gab nach.

»Gut«, sagte er. »Dann gehn wir eben essen, wenn das Kleid fertig is. Kauf, was du brauchst, und gib mir die Rechnung.«

Am nächsten Morgen lief sie den Berg hinunter und entschied anhand eines kleinen Stückchens von dem Stoff, was dazu passte. Auf dem Weg nach Hause traf sie Will vor dem neuen Drugstore. Wie immer wollte sie stumm an ihm vorbei.

Aber Will nahm den Hut ab und blieb trotz des Schneetreibens barhäuptig vor ihr stehen. Es war das erste Mal, dass er öffentlich zugab Amanda zu kennen. Prompt kamen die Leute wie Schneeflocken herbeigeweht, scharten sich in angemessener Entfernung um sie und starrten die beiden an.

»Wo is denn dein Pferd?«

»Oh, ich reit es nich den Berg runter.«

Will blickte sie erstaunt an. »Nicht?«

»Nein, Sir. Das hab ich nie getan und werd's auch nie tun. Es is ein Rennpferd und könnt sich eines seiner zierlichen Beine brechen, und das wär sein Ende. Abwärts führ ich es an jedem losen Stein vorbei, bis zur Straße. Dann erst steig ich auf.«

»Guter Gott, Amanda!«

Sie wandte sich zum Gehen, drehte sich noch einmal um und meinte: »Das Kleid is übermorgen fertig. Sollen wir uns hier unten treffen?«

»Nein, ich komm dich abholen.« Sie ging weiter. Er setzte seinen Hut auf und ging zurück in den Drugstore. Der Kreis der Gaffenden strebte auseinander, löste sich auf wie schmelzende Schneeflocken. Es war schon Monate her, seit Will zum ersten Mal mit Amanda ins Bett gegangen war. Zeit, dass die Welt es erfuhr.

Er besorgte ihr ein zweites Pferd, holte sie ab, führte sie ins Hotel, bestellte den teuersten Wein und das teuerste Menü auf der Karte.

Anfangs war er nervös und angespannt, entschlossen jeden zum Schweigen zu bringen, der auch nur die kleinste anzügliche Bemerkung fallen ließ. Dann bemerkte er, wie peinlich Amanda die Situation war und dass sie sich nicht wohl in der Haut fühlte, und er scherzte ein wenig über ihr Pferd, über ein Essen, das sie einmal hatte anbrennen lassen, und über die Art und Weise, wie sie die anderen Damen hier ausstach. Keine von denen konnte ihr das Wasser reichen. Grinsend stellte er fest, dass sich der Speisesaal schnell füllte, und er zweifelte keinen Augenblick, dass er und Amanda der Grund dafür waren. Sie war eine schöne Frau. Er sah das, wenn er mit ihr im Bett war, aber hier, bekleidet nach der neuesten Mode, sorgfältig herausgeputzt, war sie nicht nur schön, sondern auch elegant. Ihr Haar war zu einem Dutt aufgesteckt, der Hauch von Weiß darin störte kein bisschen.

»Die andern Frauen wollen bestimmt jetzt auch so 'n Kleid haben wie du«, sagte er zu ihr. Sie senkte den Blick und lächelte.

»Die werden sich 'ne weiße Strähne ins Haar machen.«

Amanda kicherte leise. Köpfe wandten sich.

»Bestimmt«, beharrte er.

Vom Wein wurde sie etwas entspannter und beide fingen an ihr Mahl zu genießen. Die Leute nickten ihnen zu und sprachen mit ihnen, als würden sie an jedem Abend gemeinsam auswärts essen.

Amanda sagte nicht viel; sie war bescheiden; sie hörte zu und gluckste leise, wenn er scherzte.

»Du hast wirklich Sinn für Humor«, sagte er, obwohl sie nie Witze machte. Nur im Bett oder auf einem Pferd lachte sie laut vor Freude.

»Hast du deine Zunge verschluckt?«, fragte er.

Sie schaute zur Seite, hinüber zu den anderen Frauen im Raum.

»Ich kann nich so einfach reden, wenn die dabei sind. So wie die sprechen … wie wenn denen ihre Sprache besser is wie meine.«

»Isse nich«, sagte er. »Red, wie du willst, verdammt noch mal.«

Er war stolz auf sie. Vielleicht liebte er sie sogar auf eine gewisse Art. Nachher würde er sie nach Hause bringen, sein Pferd im Stall abstellen und die Nacht mit ihr verbringen. Vielleicht würde er sogar ein paar Tage lang bleiben.

Toby Jane wurde es nie müde mit der Bimmelbahn zu fahren. Sie liebte es am sanft ansteigenden Wallen's Ridge vorbeizurattern und von dort auf den Stone Mountain im Norden und auf den Powell Mountain im Süden zu schauen, die das Tal umarmten und beschützten. Eine Welt ohne sie konnte sie sich nicht vorstellen.

Der kleine Zug hatte viel von seinem Glanz verloren. Er fuhr nicht mehr so oft wie früher; er brauchte einen neuen Anstrich und neue Bänke; die Fenster waren verrußt. Trotzdem mochte Toby Jane die Bahn.

In der Bimmelbahn erfuhr sie alles, was sie nicht am Telefon mitbekam, und zwar von Queenie Burn.

Die Leute hörten Queenie zu, sie konnten einfach nicht anders, obwohl sie ein schlechtes Gewissen dabei hatten. Wenn Queenie Burn in den Zug stieg, kuckte Toby Jane immer auf den Boden, damit sich die Frau nicht neben sie setzte.

Queenies Klatschgeschichten waren nie komisch oder fröhlich, sondern immer düster und böse. Toby Jane wollte von ihrem Vater wissen, warum das so war. »Wenn Queenie was erzählt, dann werd ich immer ganz zappelig, als hätt ich 'ne Zecke. Warum redet die so?«

»Sie hat sonst nichts«, sagte Daniel milde. »Du kannst doch weghören, wenn sie redet.«

»Was heißt das, sie hat sonst nichts?«

»Um sich wichtig zu fühlen.«

»Aha.«

Papas Worte halfen ihr sich abzuwenden, als Queenie Burn über Amanda und Will klatschte und erzählte, dass die neue Wäscherei zum Teil Will gehörte und der Juwelierladen auch, dass Will mit der Fabrikation von Holzstielen begann, dass er durch den Verkauf von Holz reich wurde und dass er den Fluss ausräumen ließ – wie Queenie sagte, »zum Nutzen für alle«. Toby Jane war froh, dass Queenie nichts von Wills Heiratsantrag wusste.

Jedenfalls erfuhr Toby Jane auf diese Weise, dass Will wirklich am Reichwerden war. Reich wie Krösus würde er sein, Papa aber blieb weiterhin arm. Toby Jane hätte gerne genug Geld gehabt, damit sie sich keine Sorgen zu machen brauchte, ob ihre Mutter und ihre Schwestern oder sie selber genug zum Leben hätten.

Sie dachte nach. Wollte sie lieber wie Papa sein oder wie Will, der so geschickt mit Geld umgehen konnte, dass ihm die Dollarnoten an den Fingern kleben blieben? Keine Frage, wie Papa natürlich. Lieber war sie arm und wie Papa, als Will in irgendeiner Weise zu ähneln.

Als sie das entschieden hatte, stand sie auf und setzte sich von Queenie Burn weg. Queenie schaute ihr mit bösen Blicken hinterher.

Die Bimmelbahn blieb jenseits der Brücke stehen, weil dort Fracht in ein Fuhrwerk umgeladen werden musste.

Toby Jane wartete eine Weile, dann seufzte sie und stieg aus dem Zug um nach Hause zu laufen. Der vereiste Weg war nicht ungefährlich, aber es war nicht weit. Als sie das Gartentor erreicht hatte, fuhr die Bahn vorbei und der Zugführer tutete ihr zu. Sie winkte.

In diesem Moment hörte – fühlte – sie eine enorme Explosion, die sie von den Füßen riss. Sie lag am Boden, das wusste sie, aber sie fühlte keinen Schmerz, nur in ihren Ohren schrillte es unaufhörlich. Sie setzte sich auf.

Die Bimmelbahn blieb unten am Fluss stehen. Ihr war nichts geschehen.

Toby Jane drehte sich um. Das Fuhrwerk war weg. Vollkommen verschwunden. Das Maultier lag ein Stück entfernt und rührte sich nicht.

Dynamit. Wills Dynamit.

Wo war der Kutscher?

Weg. Genau wie sein Wagen. Verschwunden, für immer.

Toby Jane versuchte aufzustehen. Jetzt hörte sie Mama schreien. Die Haustür schlug auf. Die Geräusche klangen entfernt und unwirklich. Mama kam herbeigelaufen.

Toby Jane zwang sich aufzustehen und blieb wie gelähmt stehen, bis Mamas ausgestreckte Arme sie erreichten.

»Was war das?«

»Dynamit. Ein Fuhrwerk ist in die Luft gegangen.«

»Wo ist der Kutscher?«

Toby Jane schüttelte den Kopf. Plötzlich streckte sie ihren Finger aus und Mama schaute entsetzt hinterher.

Hoch oben, von Baum zu Baum, verlief Castles Telefonkabel. Dort hing, ganz ordentlich, ein Paar Hosen. Wills Dynamit, das Steine im Fluss wegsprengen sollte, hatte jene Hosen dorthin befördert.

Im Februar blies ein trockener Wind durch die Berge und schob den letzten Schnee zusammen. Braune Halme nickten sich tuschelnd zu. Immergrüne Blätter kräuselten sich.

Waldbrandwetter, verkündeten die alten Leute.

Toby Jane machte sich keine Sorgen. Sie hatte eine Dynamitexplosion überlebt!

Irsh und sie waren zusammen mit der Bimmelbahn unterwegs, fuhren einmal im Kreis. Toby Jane zeigte auf die Straße zu ihrer Linken.

»Das ist die Catron-Kehre«, sagte sie. »Die ist so steil, dass bei Glatteis kein Maultier einen Wagen hochziehen kann.«

Irsh nickte. »Das glaube ich gern.«

Die Schienen der Bimmelbahn stiegen viel sanfter an als die Straße.

»Hat viel Geld gekostet die Bahnlinie zu bauen«, sagte Irsh.

»Bestimmt. Aber sie haben das Geld wieder raus, schon lange.«

Plötzlich hörten sie ein lautes Knattern und heftiges Hupen. Der Lärm übertönte das Rumpeln der Bimmelbahn.

Die Fahrgäste standen auf und starrten hinunter zum Fuße des Hügels.

Ein Automobil!

»Das erste Mal, dass ich so ein Ding in Bewegung sehe«, sagte ein Mann.

»Wer ist der Fahrer?«, fragte Irsh.

»Ray Burn«, sagte Toby Jane. »Der geschiedene Mann von Queenie Burn.«

»Wo ist Queenie?«, schrie jemand. »Ist Queenie im Zug?«

Aber Queenie war nicht da, verpasste Rays Auftritt. Fröhliches Gelächter lief durch den Waggon. Irsh blickte Toby Jane fragend an.

»Ray Burn bastelt seit Jahren an diesem Automobil«, erklärte Toby Jane. »Er hat schon dran gearbeitet, bevor wir hierher gezogen sind. Das hat Ray und Queenie auseinander gebracht. Aber erst haben sie noch gemeinsam eine Mauer gebaut, mitten durch ihr Haus. Kennen Sie das Haus, Irsh? Gegenüber von der Bank?«

»O ja. Aber ich kannte die Geschichte dazu nicht.«

»Sie wohnt auf der westlichen Seite, er auf der östlichen. Auch die Veranda ist geteilt. Manchmal sehen wir sie da sitzen, Queenie mit ihrem Besuch, Ray mit seinem. Wissen Sie, was Queenie immer zu ihm gesagt hat, bevor sie aufhörte mit ihm zu sprechen?«

»Was?«

»Das funktioniert nie.«

Irsh grinste. »Tut's aber doch!«

Alle Fahrgäste drängten sich links an den Fenstern zusammen und starrten hinaus zu dem Automobil, das versuchte den steilen Catron-Hügel hinaufzufahren.

Rays Automobil – ein kastenförmiger Wagen aus Holz und rostigem Eisen – tuckerte den halben Weg hinauf, zögerte unschlüssig, stöhnte herzzerreißend und rollte zurück. Die Leute in der Bimmelbahn kicherten.

Der Schaffner lief nach vorne und rief dem Zugführer zu: »Pat, halt den Zug an!«

Bis die Bimmelbahn endlich zum Stillstand geruckt war, hatten sie die Kurve schon passiert und das Automobil aus den Augen verloren.

»He, Pat!«, schrie der Schaffner. »Stoß zurück!«

Die Bimmelbahn ratterte langsam rückwärts durch die Kurve und hielt an.

Die Passagiere konnten das Automobil sehen. Sie lachten und johlten. Zum zweiten Mal tuckerte der Wagen den Hügel zur Hälfte hinauf, ächzte, gab auf. Alles schrie. »Fahr mit der Bimmelbahn!«, brüllte ein Mann. Ray Burn schaute sich kurz um, gab schließlich auf und wendete sein Automobil, während das Grölen und Kreischen in der Bimmelbahn immer lauter wurde. Doch plötzlich knatterte das Automobil zum Erstaunen der Fahrgäste rückwärts den Berg hinauf, kraftvoll und ohne sichtbare Anstrengung.

Noch immer lachend begaben sich die Passagiere wieder auf ihre Plätze. Wenig später jedoch wurde ihnen der Spaß verleidet, denn das Automobil lag vor ihnen.

»Nun ja«, meinte jemand. »Ray hatte ja auch einen Vorsprung.«

Der Erfolg des Automobils machte Toby Jane Angst. Sein Sieg bedrohte die Bimmelbahn.

»Mein Gott, was wird Queenie sagen?«, fragte jemand. Die Leute lachten.

»Na, was schon?«, sagte der Schaffner. »Das funktioniert nie!«

Aber Toby Jane konnte sich darüber nicht freuen. Die Bimmelbahn würde verschwinden. Das Automobil würde ihr den Rest geben. Und ihr war noch trauriger zu Mute, als sie in Irshs Gesicht denselben Ausdruck sah wie bei Papa, wenn der davon träumte, nach Westen zu ziehen.

Es war klirrend kalt, als Toby Jane von der Arbeit nach Hause lief. Der Geruch von verbrannten Blättern lag in der Luft. Dunkelheit brach über das Tal herein und schon bald warf das Licht der städtischen Bogenlampen Toby Janes Schatten auf den Weg. Beim Überqueren der Hängebrücke achtete sie auf jeden Schritt. Eine falsche Bewegung und sie würde im eisigen Wasser landen. Mama wollte, dass sie für das letzte Wegstück eine Laterne mitnahm. Doch das kam Toby Jane so altmodisch vor, dass sie lieber darauf verzichtete, obwohl sie seit der Dynamitexplosion ängstlicher als früher war.

Aus dem Küchenfenster schien ihr Mamas Lampe entgegen. Jeden Abend leuchtete die Mutter ihr mit diesem sanften Gelb den Weg.

Toby Jane öffnete die Tür. Papa saß am Tisch, Mama und Liza bereiteten das Abendessen vor. Alle hoben erfreut die Köpfe.

»Juliet hat geschrieben«, sagte Mama. Toby Jane nahm den Brief.

»Schön.«

Juliet unterrichtete in der Nähe von Crane Creek, sie war bei einer Familie der Schulgemeinde untergebracht. Kost und Logis bezahlte sie von ihrem Gehalt. Im ganzen Brief war nur von Mervin Hinkley die Rede.

»Er ist mit mir nach Norton zu einer Aufführung gefahren, einmal in der Woche führt er mich zum Essen aus und er will mit mir in die Kirche gehen. Mervin hat am College hart gearbeitet,

Papa. Er ist reifer geworden. Das wird dir gefallen. Er will Jura studieren.«

»Sie wird ihn heiraten«, sagte Toby Jane.

»Würde mich nicht überraschen«, sagte Liza.

Toby Jane geriet plötzlich in Panik. Alle heirateten, bloß sie nicht. Irsh kam nicht in Frage, der einzige Mann, mit dem sie genauso gut ernsthaft reden wie unbeschwert herumalbern konnte. Er hatte kaum genug Geld für seinen eigenen Lebensunterhalt. Und wenn sie ihn heiratete, würde sie ihre Stelle verlieren. Es gehörte sich nicht, dass eine verheiratete Frau arbeitete, das verstieß gegen die guten Sitten.

Auf keinen Fall könnte sie es über sich bringen Hugh Stallard zu heiraten, obwohl sie ihn mochte. Sie dachte gern an ihn, musste immer lächeln dabei. Aber einen Mann heiraten, den sie seit dem dritten Schuljahr kannte? Da gab's ja gar nichts mehr zu entdecken!

»Juliet kann nicht heiraten, bis sie ihre fünf Jahre rum hat«, sagte Mama. »Und danach auch nicht, wenn sie weiter unterrichten will.«

»Das hab ich noch nie begriffen«, sagte Toby Jane.

»Ich rieche die ganze Zeit Rauch«, sagte Papa.

Mama begann schwer zu atmen.

»Ein Feuer ist gefährlich, bei der Trockenheit!«, sagte Papa. »Ein Waldbrand könnte die ganze Stadt erfassen.«

Er sog wieder die Luft durch die Nase.

»Toby Jane, lauf, sieh nach!«, sagte er.

Sie rannte sofort los und Liza schnappte sich einen Mantel und folgte ihr.

Der Berg brannte. Ein züngelndes Flammenmeer leckte von Wills Mühlen aus über den Berg und fand Nahrung in dem büscheligen Gras, das jetzt an Stelle der Bäume dort wuchs. Es wehte kaum Wind und doch fraß sich das Feuer unerbittlich auf das Land der Durhams zu. Toby Jane rannte zurück in die Küche.

»Oh, Papa!« Sie brauchte nichts zu erklären.

»Lauf zu, ruf die Feuerwehr. Und Mattie, nimm einen Topf und schlag Alarm. Trommel die Leute zusammen.«

Ihr Vater hatte Mühe aufzustehen.

»Kümmer dich nicht um mich!«, sagte er. »LAUF!«

Sie rannte zum Telefonieren zu den Castles. Sie rief auch bei Amanda Wright an, oben auf Wallen's Ridge. Amanda war die Einzige von den Leuten in den Bergen, die ein Telefon hatte, aber natürlich nutzte Will Carter den Anschluss und er zahlte dafür. Er war es auch, der den Hörer abnahm und dem Toby Jane sagte, dass es brannte und dass das Feuer den Wald der Durhams bedrohte.

»Es kommt von deinen Mühlen und das trockene Gras brennt, da, wo du den Wald schon umgebracht hast.«

Danach hängte sie ein, denn sie hatte ihn nicht um Hilfe bitten, sondern ihm Vorwürfe machen wollen.

Sie hätte sich nie träumen lassen, dass er sich auf

sein Pferd setzen würde und im Dunkeln von Wallen's Ridge herunter geritten käme.

Doch genau das tat er und es war schieres Glück, dass er sicher ins Tal und zum Fuß des Stone Mountain gelangte, von wo er über die verbrannte Erde bergauf ritt.

Zu dem Zeitpunkt waren die anderen auch schon da. Die Feuerwehr hatte ihren Wagen über die Bimmelbahnbrücke gezogen, zum Fuß des Berges. *Was können sie von dort schon ausrichten,* dachte Toby Jane verbittert.

Der Kampf begann. Feuerwehrleute, Nachbarn, Landstreicher, Fahrgäste der Bimmelbahn, Frauen und Männer warfen sich in die Schlacht, erstickten die Flammen mit nassen Säcken, schlugen mit Schaufeln auf sie ein, traten sie mit ihren Stiefeln aus. Die Menschen bildeten eine Kette und arbeiteten sich den Stone Mountain hinauf.

Der Feuerschein leuchtete am Himmel, Berg und Himmel glühten. *Und mein Herz glüht,* dachte Toby Jane. *Ich brenne vor Zorn. Will hat auf seiner Seite jeden einzelnen Baum getötet und uns dieses Feuer beschert.* Sie fing leise an zu singen:

»In Schottland brennt es, in Schottland brennt es!
Schau hinüber! Schau hinüber!
Feuer, Feuer! Feuer, Feuer!
Und wir haben kein Wasser.«

Jemand stimmte mit ein und kurz darauf sangen alle. Die Arbeit folgte dem Rhythmus des Liedes, der immer wilder wurde. Toby Jane hörte, wie das »Feuer, Feuer!« laut herausgeschrien und in tiefem Bass gebrummt wurde und wie die schwermütige Musik durch die Berge hallte. Ehrfürchtig lauschten die Menschen den Klängen, die sie selber geschaffen hatten. Einige hielten sogar einen Moment inne.

Am unteren Teil des Berges hatte das Feuer einen großen, mörderischen Bogen geschlagen und sich so selbst verzehrt. Die Männer und Frauen stiegen schnaufend, aber immer noch singend weiter bergan und bekämpften die schwächer werdenden Flammen.

Jenseits der Senke, auf seinem eigenen Land, ritt Will, im Rücken seine Mühlen, die vor dem sich westwärts bewegenden Feuer sicher waren. Toby Jane sah, wie er einen kurzen, ungerührten Blick hinüber zum Land der Durhams warf, bevor er sein Pferd bergab lenkte.

Plötzlich entzündete sich sprödes Astwerk unter den Hufen seines Pferdes. Das Tier scheute und sein schrilles Wiehern war wie eine Stimme des Chors: »Feuer, Feuer!« Toby Jane schaute zu, wie Will die Kontrolle über sein Pferd verlor und kopfüber zwischen die Felsen stürzte.

Soll er da liegen bleiben. Ich sag keinen Ton, dachte sie. Und im selben Atemzug rief sie: »Will Carter ist gestürzt!«

Sie zeigte die Richtung an und mehrere Männer eilten hinüber und halfen ihm auf. Im dämmerigen Schein der Flammen sah sie, dass er ohne Hilfe gehen konnte. Über dem Auge hatte er eine blutende Wunde. *Geschieht ihm recht,* dachte sie. *Hat er sich selbst bestraft.*

Toby Jane und Liza halfen die letzten kleinen Brandherde zu ersticken. Dann war es überall dunkel und Hand in Hand stiegen die beiden Mädchen langsam bergab. Die Lichter der Stadt wiesen ihnen den Weg.

Das Feuer hatte keinen großen Schaden angerichtet. Alles in allem war der Tag nicht übel gewesen und das Glitzern Tausender Sterne versprach eine gute Nacht. Toby Jane schaute hinunter zu der hell erleuchteten Tür, wo Mama und Papa Arm in Arm standen. Gut. Toby Jane war sicher, dass Papa etwas von den Kelten zu erzählen wüsste, die beim Kampf gegen das Feuer gesungen hatten. So war es auch.

Jede Veränderung in Laurel Gap erschütterte die Bürger der Stadt wie ein Donnerschlag. Angespannt verfolgte Toby Jane, was geschah. Neue Häuser wurden errichtet. Auf Wills Seite des Stone Mountain schossen Mühlen wie Pilze aus dem Boden.

Er besaß nun eine Weizenmühle, eine Maismühle, ein Sägewerk, eine Zuckerrohrmühle – und alle wurden sie vom wilden Wasser des Powell angetrieben, das durch den Taleinschnitt toste.

Vom Haus der Durhams aus konnte man keine der Mühlen sehen. Toby Jane dankte Gott dafür. Sie ritt auf Bill durch die Schlucht um selber zu sehen und zu hören, was dort vor sich ging. Emsiges, lärmendes Treiben, Stämme überrollten die riesigen Flächen mit wilden Veilchen und den Maiäpfeln dazwischen, kappten deren winterbraune Schirme. Im nächsten Monat oder spätestens im April wären die Blumenliebhaber gekommen um den Anblick zu genießen. Die unberührte Natur wurde mit Gewalt zerstört.

Will Carter musste den Wald nicht zu Grunde richten. Andere Holzfäller taten das auch nicht.

Auf den Fortschritt konnte man es nicht schieben. Für jede Zerstörung waren bestimmte Menschen verantwortlich, in diesem Fall Will Carter.

Am Abend schilderte Toby Jane ihrer Mutter das sinnlose Schlachten, worauf Mama beinahe ein Fluch entschlüpfte: »Dass dieser verflixte Holzhacker sich ja nicht noch mal auf unserem Grundstück sehen lässt! Ich schwöre, der Mann ist bis ins Mark verdorben, auch wenn er noch so vielversprechend scheint!«

Plötzlich wurde der Fluss trüb und schwoll an. Fische schnellten ans felsige Ufer und starben.

Wills Wälder verschwanden schnell. Die Leute murmelten was von Erdrutschen und Toby Jane hatte Angst, dass der Berg seine Form verlieren könnte.

Als sich jemand bei Will beschwerte, sagte er einfach: »Ich nehm mir, was immer ich will«, als wäre das eine Erklärung für die Eile, mit der er den Berg ausweidete.

Obwohl sich Toby Jane geschworen hatte nie wieder einen Blick in die Schlucht zu werfen, ritt sie am nächsten Tag wieder hin. Sie fühlte sich vom Berg angezogen wie eine Trauernde, die immer wieder auf den geliebten Verstorbenen starrt, wollte die Zerstörung des Waldes, die völlige Stille ringsum, das Fehlen jeglichen Lebens in sich aufnehmen.

Nicht einmal Wintervögel gab es auf Carters Grund und Boden.

Will! Will Carter! Ein Schandfleck war er. Er lebte offen mit Amanda Wright, machte ihr Geschenke, grinste sie an, liebkoste ihre Arme, tätschelte vor aller Augen ihr Hinterteil.

Amanda Wright sprach auf einmal mit den Herrschaften vom Hügel, als wäre sie eine von ihnen! Die Leute wandten sich schockiert ab. Toby Jane lächelte darüber, ihr war das egal.

Auf dem Heimweg ritt Toby Jane über die Bimmelbahnbrücke zum Baseball-Park. Sobald dort der Boden warm genug war, kamen die Damen vom Hügel herabgeritten. Heute waren es drei Frauen, die ihre Pferde auf der Bahn bewegten, damit sie für das Rennen am vierten Juli in Form kamen. Nur bitterste Kälte hätte sie davon abhalten können.

Amanda war auch da, sie ritt ein hübsches, tänzelndes Pferd. Hatte keine Mühe mit ihm. Toby Jane grüßte sie, doch die Frau starrte sie mit kalten Augen an und ritt an ihr vorbei. Toby Jane zuckte ungerührt mit den Achseln.

Dann ritt Queenie Burn an Amanda vorbei, drehte sich um und rümpfte die Nase. Toby Jane lächelte.

Amanda schnalzte leise mit der Zunge und ihr Pferd richtete die Ohren auf. Und schon ritt sie neben Queenie, die erschrocken mit ihren blauen Augen rollte.

»Kleines Rennen gefällig?«, fragte Amanda freundlich.

Queenie schob die Unterlippe vor.

»Nich mit Ihnen«, sagte Queenie.

»Mein Pferd schlägt Ihr's, sogar das Automobil von Ihrem Mann.«

Queenie runzelte die Stirn und kräuselte die Nase, so dass sie wie ein Pekinese aussah.

»Und wie weit?«

»Bis dahinten. Wo Will steht.«

Will stand auf der anderen Seite der Rasenfläche. Eine halbe Runde.

Queenie nickte kaum merklich und trieb ihrem Pferd die Fersen in die Seite. Das Tier machte einen Satz und sauste los. Amandas Pferd streckte sich zum Galopp ohne auf ein Zeichen seiner Herrin zu warten.

Toby Jane schaute interessiert zu.

Dann sah sie Aaron und Lois über den Rasen auf die Hängebrücke und die Bimmelbahn zugehen, mit der sie zum Depot der L & N fahren würden, in dessen Nähe sie wohnten.

Toby Jane hörte Will Carter rufen: »He, Paw! Aaron! Aaron! Ich setze einen Dollar, dass Amanda Erste wird!«

»Die Wette gilt!«, schrie Aaron.

Ein Pferderennen im Februar! Noch nicht einmal Toby Jane konnte sich dem entziehen. Sie wendete ihr Pferd.

Queenie hüpfte auf und ab, ihre fetten Beine schlugen wie Dreschflegel in die Flanken ihres Pferdes, das die Nase vorn hatte. Amanda ritt ruhig und entspannt. Bis zur Hälfte der Stecke ließ sie Queenie ihren Vorsprung. Dann gab Amanda ihrem Pferd einen leichten Klaps auf den Hals und sagte: »Lauf!«

Sie schlug Queenie um zehn Längen. Will kassierte seinen Dollar und lachte über Aarons saures Gesicht.

»Das is der erste Dollar, wo das Pferd für mich gewonnen hat, aber's wer'n noch mehr!«, behauptete Will.

Ein Schatten fiel über Toby Jane. Sie blickte hoch und sah eine lange Reihe von Kranichen über sich hinweg ziehen, die von der Nachmittagssonne angeleuchtet wurden. Die riesigen Vögel zogen wie ein langer, blauer Strich quer über den Himmel. Ein Anblick, den Toby Jane nicht vergessen würde. Wunderschön!

Als die Kraniche hinter Wallen's Ridge verschwunden waren, seufzte Toby Jane und blickte sich um. Nur noch Bill und sie waren auf dem Rasen. Die anderen hatten den Park verlassen und würden schon bald die Kunde von Amandas fantastischem Pferd verbreiten.

Die meisten Kirchenmitglieder würden es nicht für schicklich halten, dass Frauen im Februar ihre Pferde um die Wette rennen ließen. Aber für Toby

Jane war es allein Will, der sich unschicklich benahm.

Papa stand am Fenster des Salons, als sie nach Hause kam. Toby Jane gesellte sich zu ihm und beide schauten hinaus auf ihr Land.

»Papa, unser Wald auf dem Berg ist nichts wert, stimmt's?«

Papa rang sich schmerzhaft die Worte ab.

»Nichts wert? Traubenkirschen. Ginseng. Haselwurz. Sassafras. Färbereiche. Sauerbaum. Frauenschuh. Kiefernharz …«

»Ist ja gut, Papa, ist gut. Aber Will Carter kann sich alle Medizin der Welt kaufen und braucht sie nicht im Wald zu suchen. Und seine Bäume kann er direkt in die Sägemühle kullern lassen.«

»… Kastanienblätter. Wasserdost. Immergrüner Farn. Poleiminze. Pferdeminze. Königskerze. Löwenzunge. Tupelobäume.«

Plötzlich verstand Toby Jane, was ihr Vater sagen wollte.

»Ja, Sir. Jetzt weiß ich, was du meinst. Der Hustensaft, den ich letzten Winter literweise getrunken hab! Wir hatten Honig und dann brauchten wir nur noch die Rinde von den Traubenkirschen und Tupelobäumen im Wald.«

»Und da ist noch mehr«, sagte Papa. »Kuck doch mal den Berg selber an.«

Der Stone Mountain war riesig, dunkel, blattlos, abgesehen von einigen verstreuten Koniferen. Toby Jane dankte Gott, dass Papa Wills entblößtes Land an der Schlucht nicht sehen konnte.

»Schau dir die Bäume an«, sagte er.

Alle Bäume waren vereist. Und plötzlich blinzelte die sinkende Sonne jedem einzelnen von ihnen zu. Hunderttausend helle Funken am Ende des Tages. Kurz darauf war die Sonne verschwunden. Toby Jane konnte kaum glauben, dass sie das eben gesehen hatte. Ihr Vater und sie legten die Arme umeinander.

Zum ersten Mal hatte Toby Jane den Berg so genau betrachtet und das versetzte sie in eine gehobene Stimmung. Am liebsten hätte sie eine Sammeldose an die Eingangstür gestellt und auf ein Schild geschrieben: »Für einen Nickel können Sie den Berg ankucken, so lange Sie wollen.«

Und Will Carter (möge seine Seele verfaulen) hätte sie am liebsten hängen gesehen.

Toby Jane schaute auf den kahlen östlichen Hang des Stone Mountain. Sie versuchte ihre Gedanken zu ordnen und kaute dabei auf ihrer Unterlippe herum, bis sie blutig war.

Will hatte sich beharrlich und gründlich wie eine Ameise durch den Wald gearbeitet und Bäume zu bloßen Holzmetern degradiert – die toten Riesen lagen am Sägewerk. Toby Jane hatte nur einmal kurz hingeschaut, aber die Bilder waren wie mit einer Nadel in ihr Gedächtnis geritzt.

Die Stämme ließen sich über den nun völlig kahlen Berghang problemlos nach unten schaffen, man brauchte sie nur zu schlagen und rollen zu lassen. Gewissenhaftere Holzfäller zogen die Stämme mit der Wurzel nach unten bergab. Manchmal hörten die Durhams, wie Wills Vorarbeiter eine Warnung schrie, dann folgte ein gigantisches Krachen und jedes Bäumchen, jeder Busch wurde von den zu Tal donnernden Stämmen aus dem Weg geräumt. Papa verzerrte das Gesicht, wenn er den Lärm hörte.

»Ich will mich an Will rächen«, hatte Toby Jane zu Papa gesagt.

Ihr Vater lächelte grimmig. »Das brauchst du nicht. Der wird sich schon selber das Wasser abgraben.«

»Ich werd ihm dabei helfen.«

Und Liza, die sanfte Liza, hatte kurz aufgelacht.

Toby Jane war inzwischen eher eine Boudicca als eine Durham. Sie war zappelig, nervös, wütend. Wollte Will ein Bein stellen, ihn vor allen Leuten lächerlich machen, ihn körperlich verletzen, ihn von einem Stamm überrollen lassen, so dass er zum Krüppel würde. Am liebsten hätte sie ihm eine Hacke über den Kopf gezogen, ihm einen Schlag verpasst, dass er Schmerzen litte wie Papa. Am liebsten hätte sie ihn GETÖTET.

In der Kirche versuchte sie ihre sündigen Gedanken mit Gebeten zu vertreiben und schaute sich verstohlen um, weil sie fürchtete, man könnte ihr das Böse, das sie in sich trug, ansehen. Dabei kreuzte sich ihr Blick nicht selten mit dem von Will, der nie die Augen von ihr ließ. Sogar hier gab er ihr mit der Hand unauffällige kleine Zeichen, die für das Lied standen: *Tritt hervor, hier steht dein*

Liebster. Als ob sie ihn nicht abgewiesen hätte! Als ob er nicht mit Amanda Wright in Sünde leben würde! Wie konnte er nur so dreist sein?

Es war noch gar nicht so lange her, dass es im Bergwerk von Crane Creek eine erneute Schlagwetterexplosion gegeben hatte, Männer für immer im Berg geblieben waren. Erst hatte Will dort den Kohleabbau gegen den Rat von Fachleuten betrieben, aber nach der ersten Explosion hatte er die Grube an Henry Dunn verkauft. Hatte sich selbst Will von den Toten beeindrucken lassen?

Wills täuschend vollkommenes Gesicht gab ihr Rätsel auf. Noch nicht einmal das Pflaster über seiner Augenbraue konnte ihn entstellen. Wie konnte ein so schöner Mann derart oberflächlich und selbstsüchtig sein? Toby Jane hatte das Gefühl, sie habe ihr halbes Leben damit verschwendet, von Will wegzuschauen.

Andererseits hatte Will völlig unerwartet auch für Unterhaltung gesorgt, indem er Amanda Wright ein Pferd geschenkt hatte. Es hatte sich in der Stadt und bis weit ins Tal hinein herumgesprochen, dass Amanda Wright an jedem schönen Tag ihr Pferd im Park trainierte.

Die bessere Gesellschaft auf dem Hügel machte sich lustig über Queenies Niederlage und die Damen schwärmten hinunter in den Park um Amanda herauszufordern. Jeden Tag lud Amanda eine andere Frau ein mit ihr um die Wette zu reiten. Jedes Mal kassierte Will von der stets wachsenden Menge seine Wettgewinne. Der Pferdehandel wurde zu einem einträglichen Geschäft und auch damit verdiente Will Geld.

Toby Jane ritt so oft wie möglich auf Bill zu den Rennen. Amanda warf dem knochigen, breithufigen Zugpferd einen scharfen Blick zu und lächelte. Aber Toby Jane galt das nicht. Amanda schnitt sie nach wie vor.

Trotz des eisigen Windes kutschierte Will Aarons Einspänner zur Kirche. Er ließ keinen Gottesdienst aus, treu ergeben nahm er seinen Platz am Gang neben seinem Vater und Lois ein.

Von dort konnte er die Durhams beobachten. Eines Tages würde Toby Jane seinen Heiratsantrag vernünftiger erwägen. Dann bräuchte sie sich nur zu ihm umzudrehen und er wäre da. Darum durfte er keinen Gottesdienst versäumen.

Nicht ein einziges Mal forderte er Amanda auf ihn zu begleiten. Wer eine Frau mit in die Kirche nimmt, geht eine Verpflichtung ein. Amanda beschwerte sich nicht, sie zeigte sich ihm nur von ihrer besten Seite. Sorgte dafür, dass er sich wohl fühlte, ja beinahe zufrieden war.

Inzwischen war Will Mitglied der Gemeinde. Bei dem Gedanken, dass Aaron glaubte, sein Sohn wäre nun endlich zur Vernuft gekommen, musste Will grinsen.

Er trug immer noch ein Pflaster über der inzwischen völlig verheilten Stelle über dem Auge. Der Sturz auf dem Berg hatte ihn die Augenbraue gekostet, nicht ein Haar war ihm geblieben. Er wollte nicht, dass Toby Jane das sah. Sein Gesicht hatte sich verändert. Sogar Amanda starrte ihn deswegen manchmal an, kuckte aber jedes Mal schnell wieder weg.

Wegen des beißenden Windes war Will versucht gewesen Aaron und Lois allein in die Kirche gehen zu lassen, aber der heutige Gottesdienst war wichtig. Alle Methodisten der Stadt, die irgend konnten, waren gekommen, denn die Gemeinde hatte ihre Brüder und Schwestern aus dem Norden zu einem gemeinsamen Versöhnungsgottesdienst eingeladen, der die alten Wunden aus dem Bürgerkrieg heilen sollte.

Auch Daniel Durham war heute in der Kirche, seit langer Zeit zum ersten Mal. Die Durhams wirkten fröhlich, sie setzten auf die Künste eines neuen Arztes – er war ein Knochenspezialist – und hofften, dass er Daniel heilen würde. Doch noch immer konnte Daniel nicht normal gehen, stürzte mit hektischen Bewegungen voran, ständig auf Hilfe angewiesen.

»Was für ein furchtbares Leiden«, flüsterte Aaron.

Toby Jane kuckte über Will hinweg und um ihn herum, als wäre er gar nicht da.

Mit Toby Jane auf der einen und diesem kleinen Floh Irsh Loghlan auf der anderen Seite stolperte Daniel eilig auf seinen Platz zu. Irsh half Daniel sich zu setzen, trat in den Gang um Toby Jane vorbeizulassen, und dann besaß er die Frechheit sich neben sie zu setzen.

Irsh Loghlan! Ausgerechnet der durfte auf diesem Ehrenplatz sitzen! Schon viele Burschen waren Toby Jane hinterhergestiegen, doch Irsh war der Erste, der in der Kirche bei ihrer Familie sitzen durfte. Das musste man ernst nehmen.

Will musterte Irsh. Was war an dem denn so Besonderes? Will war wütend, enttäuscht. Er schluckte und atmete laut hörbar durch.

Das war ein schwerer Schlag. Hatte er denn nicht getan, was er konnte? Hatte er nicht geduldig gewartet, bis Toby Jane erwachsen war? Schon längst hätte er sie in die Büsche zerren und seinen Willen haben können, jederzeit.

Oh, da war noch ein Mann, der sich nach Toby Jane die Augen auskuckte. Daniels Knochenspezialist saß zwei Reihen hinter den Durhams und schaute das Mädchen ununterbrochen an. Wie hieß der Mann noch gleich? Er war groß, dünn, hatte kaum noch Haare. Ein Waschlappen.

Der Arzt starrte Toby Jane an, genau wie Will. Sie aber blickte Irsh an, der nichts weiter tat, als ihr ab und an ein Lächeln zu schenken. Über den Doktor brauchte sich Will keine Sorgen zu machen, aber Irsh …?

Will lenkte seine Gedanken auf seine Geschäfte. In der Kirche liefen die Gespräche mit seinen Handelspartnern am besten. Selten verging ein Gottesdienst, ohne dass Will nicht wenigstens einen Handschlag getätigt hatte, der sich später in barer Münze auszahlen würde.

Drüben, in der Bank der Oberfrommen, vorne

links, saßen die Lesters, die ihm Holz für ihren Hausbau abgekauft hatten. Aaron hatte gemeint, das Holz wäre nicht richtig behandelt worden, es hätte noch lagern müssen. Will hatte erwidert, schließlich hindere keiner die Lesters daran, das Holz so lange liegen zu lassen, wie sie wollten. Sie könnten doch von ihm nicht verlangen, dass er ewig drauf sitzen blieb.

Aaron unkte wie ein Weibsbild.

Heute hatten die Durhams ihren großen Auftritt. Mattilda, die schönste Frau in der Kirche, wenn man von Toby Jane absah, saß auf einer Seite der Kanzel. Bruder Buckley, der methodistische Prediger aus dem Norden, auf der anderen. Mattilda berichtete von der Altkleidersammlung der Wohlfahrtsgruppe für die Armen. Ekelhaft war das. Wusste sie denn nicht, dass sie selber arm war?

Liza und Juliet, die das Wochenende zu Hause verbrachte, sangen im Chor. Toby Jane hatte Will von seinem Platz aus im Auge, er konnte jede ihrer Bewegungen verfolgen, jeden Blick sehen, den sie Irsh zuwarf.

Neben den Durhams saßen der alte Morris und seine Tochter Rhodie, die zur Gemeinde des Nordens gehörten. Im Krieg zwischen den Staaten hatte Neil Morris gegen Daniel gekämpft. Heute schätzte Daniel seinen ehemaligen Feind Neil mehr als Aaron.

Will beugte den Kopf zum Gebet und stand auf, wenn gesungen wurde. ›Amazing Grace.‹ Er sang die Worte mit Tremolo, ließ seiner Stimme nicht anmerken, wie sehr es ihn ärgerte, dass Mattilda den Choral ausgewählt hatte.

Warum kommen sich die Durhams immer so verdammt überlegen vor? Es war noch gar nicht lange her, dass er sich die Beine ausgerissen hatte um ihnen Untermieter zu verschaffen. Nicht irgendwelche Untermieter, sondern gute Untermieter.

Die Durhams brauchten dringend Geld, aber trotzdem hatte Mattilda die Leute abgewiesen und davongeschickt. Sie hatte Will nicht mal hereingebeten, so dass er dastand wie ein Idiot. Mattilda hatte einen eisigen Ausdruck im Gesicht gehabt, wie sie ihn nur selten zeigte. Danach hatte Will es aufgegeben den Durhams helfen zu wollen.

»In dieser kleinen Stadt«, sagte der Prediger, »leben Männer, die in dem schrecklichen Krieg, der unsere Nation und unsere Kirche gespalten hat, als Soldaten gegeneinander gekämpft haben. Wir sind Freunde geworden. Sonst wäre die Kirche heute nicht so voll. Wir haben die Absicht wieder eine vereinte Kirche zu schaffen, wie unseren Eltern sie hatten.«

Die Botschaft war klar. *Gebt eure Kirche auf, tretet dieser bei.*

Will hörte nicht mehr zu. Von einer Predigt ließ er sich nie bei seinen Gedanken stören. *Hier sind Leute, die mein Holz kaufen. Und ihren Weizen und ihren Mais lassen die in meinen Mühlen mahlen. Die haben Respekt vor mir. Ich hab Erfolg, was man von den meisten hier nich behaupten kann.*

In diesem Tal hier steckt genug Geld, dass Toby Jane und ich bis zum Ende unseres Lebens reich und glücklich sein können. Man muss es sich nur nehmen und ich nehm mir, was immer ich will. Ich bau Amerika auf. Kirche und Nation! Ich trag meinen Teil bei.

»Wer nicht vergibt, versündigt sich«, sagte der Prediger leise.

Genau. Toby Jane, Mattilda und Daniel, die zeigen nie auch nur das kleinste Zeichen von Vergebung. Wenn sich hier wer versündigt, dann sind's die Durhams.

Es war Zeit für die Kollekte und das war die Gelegenheit Daniel zu zeigen, wer in dieser Kirche der echte Christ war. Will nahm eine Fünfdollarnote heraus und hielt sie so in der Hand, dass Daniel sie nicht übersehen konnte. Zusammen mit Robert McIvor ging Will nach vorne um sich vom Prediger den Kollektenteller geben zu lassen. Daniels Miene zeigte vollkommene Gelassenheit, was Will rasend machte.

Der verdammte Mistkerl denkt wohl, seine zehn Cents sind genauso viel wert wie meine fünf Dollar.

Der Geldschein gab ihm Macht. Will hob seine Hand und warf den Schein auf den Teller, drehte sich zusammen mit Robert um und beide schritten langsam den Mittelgang entlang. Will war ein vermögender Mann, er bewegte sich mit ausgesuchter Bedächtigkeit. Toby Jane schenkte er ein mildes, ruhiges, selbstsicheres Lächeln, was ihre blauen Augen mit purem Hass quittierten. So heftig hatte sie noch nicht mal auf seinen Heiratsantrag reagiert. Ihr Zorn befriedigte Will geradezu körperlich und er grinste sie anzüglich an. Sie machte kurz ein verdutztes Gesicht und Irsh warf ihm einen gereizten Blick zu.

Aber Daniels Gesicht zeigte keinerlei Regung, als er seine Münze auf den Teller fallen ließ.

Will setzte sich um den Rest des Gottesdienstes über sich ergehen zu lassen. Er hatte langsam genug von dem Gerede über Versöhnen und Vergeben. Was Lois wohl zum Mittag machen würde? In jedem Fall würde das Essen bei ihr und Aaron gut sein, wie jeden Sonntag. Die Durhams folgten dem Gottesdienst konzentriert, während Will sich kratzte und gähnte und die ganze Familie hasste.

Plötzlich sah er, wie Aaron sich Tränen aus dem Gesicht wischte. Was zum Teufel hatte der alte Mann?

Er stieß seinen Vater in die Seite. Aaron rutschte von ihm weg und trocknete seine Tränen.

War das wegen der Predigt? Will spitzte die Ohren. »Ihr könnt nur hoffen, dass die Menschen, an denen ihr euch versündigt habt, euch vergeben werden. Wir alle können anderen vergeben, was immer sie uns auch angetan haben mögen.«

»Amen! Amen!«, rief der alte Goode aus der ersten Reihe. *Guter Gott,* dachte Will, *gleich wird jemand anfangen zu kreischen.*

»Kommet herbei, die Ihr den Herrn liebet!«, rief der Prediger. Lucy Castle gab der Gemeinde mit der Orgel den Ton an und alle erhoben ihre Stimmen.

Die Gottesdienstbesucher waren so geübt im Singen der Kirchenlieder, dass ihre Stimmen mit denen des Chores verschmolzen. Frieden und Versöhnung.

Aaron flennte wie verrückt. *Was hat die alte Heulsuse nur?*

Sein Vater stand plötzlich auf, drückte sich an Lois und Will vorbei und ging nach vorne. *Will sich der alte Trottel schon wieder vor der Gemeinde bloßstellen?*

Der Pfarrer sprach den Segen. »Die Gnade unseres Herrn Jesus Christus und die Liebe …«

Alle beobachteten Aaron.

O nein! Er will zu Daniel!

»… Gottes und die Gemeinschaft …«

Will spürte wachsendes Entsetzen. Was wollte Aaron Daniel sagen?

»… des Heiligen Geistes sei mit euch allen. Amen.«

»Amen«, wiederholte der alte Goode.

Will eilte seinem Vater hinterher, packte ihn am Arm, versuchte ihn zurückzuholen. Aber Aaron hatte sich schon in die Bankreihe vor Daniel geschoben und blickte seinem Cousin und alten Freund flehentlich ins Gesicht.

Es herrschte eine ungewöhnliche Stille, obwohl zu diesem Zeitpunkt eigentlich Begrüßungen und Rascheln und das Wegstecken der Gesangbücher die Kirche mit Getöse erfüllen sollten.

Daher klang Aarons Stimme eigentümlich laut. »Daniel, ich möchte, dass du mir vergeben tust. Ich halt's nich mehr aus, bis ich weiß, dass du mir vergeben tust.« Aarons Stimme brach sich wie die eines Jungen.

Keine Erklärung, wofür er Vergebung suchte, welche Sünde er begangen hatte. Diese Erklärung war nicht nötig.

Wenn ich je einen Mann gehasst hab, dachte Will, *dann isses mein eigner Vater.*

»Ich hab dir längst vergeben, Aaron«, sagte Daniel.

Sie schüttelten sich die Hände. Aaron wurde Irsh vorgestellt, gab ihm die Hand, verbeugte sich vor Toby Jane, gab auch ihr die Hand und die ganze Zeit lächelte sein tränennasses Gesicht wie das eines Säuglings, der endlich sein Zuckerstückchen bekommen hat.

Dann warf Aaron Will einen strengen Blick zu, der hieß: *Entschuldige dich!* Will scherte sich nicht darum. Aaron wartete, bis es peinlich wurde, und drehte sich schließlich zu Daniel um.

»Wie geht's dir? Hab gehört, es is schlimmer?«

»Nein, nein. Geht schon. Jedenfalls weiß ich jetzt, was ich habe. Schüttellähmung.« Daniel grinste zu Aaron hoch. »Ein Segen, dass das klar is. Ich hab schon gedacht, es wär pure Faulheit.«

Sein Scherz konnte Aarons betroffenen Blick nicht wegwischen. Schüttellähmung! Ein Todesurteil mochte milder sein. Aaron wandte sich erneut an Will, diesmal entschlossener.

»Bitte ihn um Vergebung, Will.«

Wofür, zum Teufel! Der soll sich bei mir entschuldigen!

Will blieb trotzig schweigend stehen, während sein Vater immer ärgerlicher und aufgeregter wurde.

»Dann frag ihn wenigstens, ob er dir 'nen Rat gibt«, knurrte Aaron.

Alle in der Kirche reckten die Hälse.

Einen Rat? Was kann dieser zitternde alte Lehrer mir schon raten? Aber es hat keinen Sinn 'ne Szene zu machen.

»Kannste mir 'nen Rat geben, Daniel?«

»Wenn du das willst.«

»Heißt ja nich, dass ich ihn annehm, aber anhören tu ich's mir.«

»Prüfe dein Leben.«

Der will mir sagen, dass mein Leben falsch is! Wills Hände ballten sich zu Fäusten. Er lehnte sich zu Daniel vor und sagte so laut, dass es durch die ganze Kirche hallte: »Du kannst mich mal am Arsch lecken, Daniel!«

Er hörte, wie die Leute um ihn herum nach Luft schnappten, und dann war er von Stille eingekreist. Plötzlich stand Irsh im Gang.

Der knochendürre Daniel, dessen Augen klar und ruhig wie die einer Taube blickten, sagte mit kaum hörbarer Stimme: »In Ordnung, Will. Lass die Hosen runter.«

Lautes Gelächter erscholl, erstickte aber auf der Stelle wieder.

Das würde er nie vergessen. Er hasste sie – alle – auf immer und ewig.

Mein Leben prüfen? Gott im Himmel! Lasst mich hier raus!

Und doch tat Daniels Rat seine Wirkung. Obwohl Will sich vor Wut fast verzehrte, musste er den ganzen Heimweg lang über sein Leben nachdenken. Er schlug mit den Zügeln auf sein Pferd ein, bis der Einspänner schwankte und Lois laut aufschrie. Das war der einzige Ton, den Aaron oder sie von sich gaben, bis sie bei ihrem Haus ankamen.

Will hatte sich sein Leben vor Augen geführt und nichts gefunden, was falsch war daran. Er hatte hart gearbeitet. Was er besaß, hatte er teuer erkauft; er war im Begriff reich zu werden. Er kam zu dem Schluss, dass er von allen, die heute in der Kirche gewesen waren, der beste Amerikaner und wahrscheinlich auch der beste Christ war. Er war ein guter Mann.

Doch da gab es etwas, das an ihm nagte. O ja. Toby Jane hatte ihm nur diesen einen Blick zugeworfen, der ihn wie ein hassgetränkter Pfeil getroffen hatte. Ansonsten hatte sie ihn überhaupt nicht zur Kenntnis genommen. Er hatte den Gottesdienst ganz umsonst über sich ergehen lassen. Damit war Schluss. Nie mehr würde er in die Kirche gehen.

In eisigem Schweigen und ohne ein Wort über das Mittagessen zu verlieren gingen Aaron und Lois ins Haus. Will stieg auf sein Pferd und ritt den Berg hinauf zu Amanda.

Im Juni bekam Daniel Durham eine Postkarte von Neil Morris. »Warum kommt ihr Durhams nie zum Picknick in meinem Buchenhain? Daniel, bitte komm, mein alter Freund. Ich weiß, dass es dir schwer fällt, aber versuch's doch. Dann kommen die andern auch.«

Toby Jane wollte unbedingt hin. Und tatsächlich bestiegen sie alle gemeinsam die Bimmelbahn – Papa und Mama, Toby Jane und Irsh, Juliet und Mervin, Liza und Robert McIvor – und fuhren zum Picknick. Und mit ihnen die ganze Stadt, wie es schien.

Es war Daniel Durham peinlich, dass Irsh ihm helfen musste den Zug zu besteigen. Papa warf Toby Jane einen Blick zu, als wollte er sagen: *Das ist das letzte Mal, dass ich mit der Bimmelbahn fahre.*

Im Wäldchen stellten sie für Papa einen Stuhl auf, damit er bequem sitzen konnte.

Was für ein herrlicher Buchenwald war das! Die riesigen, alten Bäume mit der grauen Rinde hielten Abstand voneinander, so dass jeder einzelne genug Platz hatte. Mitten im Wald befand sich eine große, ebene Lichtung, wo sich die Picknickgäste versammelten und ihre Tischdecken auf dem Boden ausbreiteten.

Die Frauen packten das Essen aus den Körben und Schachteln. Das Picknick hatte keine besondere Ordnung: Jeder aß, was er mitgebracht hatte, und lud die anderen ein zu probieren. Im Gegenzug überredeten die einen dann sich ein Stück Schokoladenkuchen zu nehmen.

Mama sprach wie immer den Segen, als wären sie zu Hause, und dann aßen sie. Außer Papa saßen alle auf der Erde.

Toby Jane schaute zu, wie Robert McIvor sein Essen verschlang. Als wäre er kurz vorm Verhungern. *Stimmt, das ist er wirklich,* stellte sie erschrocken fest. Er war dünn wie ein Schilfrohr.

Sie wartete auf eine günstige Gelegenheit und flüsterte dann Liza ins Ohr: »Der is am Verhungern.«

»Unsinn, er isst doch nicht mehr als Irsh.«

»Doch. Robert kriegt wirklich nicht genug zu essen. Der verhungert dir.«

Nun starrte Liza Robert an.

»Mein Gott, du hast Recht. Ich dachte, er wäre bloß ein bisschen krank. Komm, wir fragen ihn.«

Sie stellten Robert zur Rede.

Ja, gab er zu, er war pleite. Er hatte sein ganzes Vermögen in die Zukunft der Stadt gesteckt. Einige seiner Geschäfte waren schief gegangen. Und es stimmte, in letzter Zeit hatte er nicht besonders viel gegessen.

Toby Jane fürchtete, Liza würde anfangen zu weinen oder womöglich Robert.

Ohne Umschweife erklärte Liza Robert, dass er aufhören müsse sich um die Entwicklung der Stadt zu bemühen. »Es wird Zeit, dass du dich um meine Entwicklung kümmerst und um die meiner Kinder.«

»Ich hab kein Geld«, sagte er und zwinkerte mit den Augen. »Hast du was von Kindern gesagt?«

»Hab ich. Für den Anfang solltest du dir Arbeit als Zimmermann suchen.«

Roberts Gesicht verzog sich zu einem Grinsen.

»Wir sollten heiraten«, sagte er.

»Das finde ich auch, Liebster.«

Toby Jane lächelte, als die beiden sich plötzlich vor allen Leuten innig umarmten.

Irsh hatte auf Toby Jane gewartet. »Werden sie heiraten?«

»Ja.«

Toby Jane aß ihren Teller leer. Dann fragte sie: »Und was machen wir jetzt?«

Irsh sagte: »Na, was wohl? Die Frauen packen ein. Sie waschen ab. Räumen alles auf. Und die Männer werfen Hufeisen. Rennen um die Wette. Spielen Ball. Liegen im Gras und geben an.«

»Und das soll den Frauen Spaß machen?«

»Sie wollen mir doch nicht etwa erzählen, dass Sie nicht gerne aufräumen?«

»Genau das will ich sagen.«

Irsh senkte den Kopf und kicherte. »Und ich sag Ihnen eins: Ich geh erst spielen, wenn Sie auch dürfen.«

Neil Morris beantwortete Toby Janes Frage mit seiner Fiedel. Er saß auf einem Baumstumpf in der Mitte der Lichtung, strich ein paar Mal kurz über die Saiten und spielte dann eine lebhafte Melodie, die Toby Jane seit ihrer frühen Kindheit kannte ohne zu wissen, wie sie hieß.

Zwei Männer kamen dazu, der eine spielte Gitarre, der andere Hackbrett. Die Musik hüpfte in Toby Janes Kopf herum, bis sie beinahe platzte vor Lust zu klatschen, zu springen, zu TANZEN. Aber Tanzen war Sünde – jeder anständige Methodist wusste das.

»Also wirklich, Daniel!«, sagte Mattilda scharf. »Das ist ja eine Tanzgesellschaft! Das ist Wiebelmusik!«

Wie böse das klang!

Zwei Paare gingen in die Mitte und fingen an zu tanzen. Das war schon ein Anblick, wie sie sich drehten und herumwirbelten und stampften.

Irsh sagte unbekümmert: »Kommen Sie, Toby Jane! Lassen wir uns zeigen, wie das geht!«

Sie sah, wie das Gesicht ihrer Mutter versteinerte. Irsh streckte die Hand aus um Toby Jane auf die Füße zu helfen.

»Moment noch.«

Sie stellte sich vor ihre Eltern. »Mama, Papa, ich kann beim besten Willen nicht verstehen, was an dieser Art zu tanzen schlecht sein soll. Das ist ein Volkstanz und es wird langsam Zeit, dass ich das lerne.«

»Du bist alt genug um selber zu entscheiden«, sagte ihre Mutter. »Ist dir denn egal, was wir denken? Willst du tanzen?«

»Ja, Ma'am. Äh, ich meine, nein, Ma'am. Ich weiß es nicht.«

»Dann geh und tu's.«

»Aber mir würd's besser gehen, wenn ihr es erlaubt.«

Mattilda wandte sich an Daniel. »Was meinst du, Liebster?«

Er zuckte mit den Achseln und lächelte.

»Ja! Er hat Ja gesagt, Mama!«

»Also gut. Eigentlich weiß ich auch nicht so

genau, was daran nun schlecht sein soll. Als junges Mädchen habe ich Walzer getanzt. Das war aber wirklich Sünde!«

Ihre beiden Schwestern zögerten noch, aber dann stürzten auch sie sich ins Vergnügen, und als Toby Jane einmal kurz nach Luft schnappte, sah sie, wie ihre Mutter um Daniel herumtänzelte und er mit dem Fuß den Takt schlug. Aber Toby Jane hatte nicht viel Zeit zum Kucken, es gab so viel zu lernen. Als sie wieder Irsh gegenüberstand, sagte sie: »Sehen Sie mal. Mama ist übergeschnappt!«

Er lachte und nickte: »Sie auch!«

»Das geb ich gern zu.«

Eine Frau rief den nächsten Tanzschritt aus. Sie versuchten ihr Glück und lachten, wenn sie einen Fehler machten.

Plötzlich sah sie Will Carter, der auf dem Boden lag und sie beobachtete. Irgendwas stimmte nicht an ihm. Er hatte eine Narbe an der Stelle, wo sonst seine Augenbraue gewesen war. Er war gar nicht mehr so hübsch! Ein unvollkommenes Gesicht! Die fehlende Augenbraue verlieh ihm einen finsteren Blick.

Und noch vor kurzem hatte sie die kleine senkrechte Falte zwischen seinen Brauen bewundert, weil sie ihn noch schöner machte, ihm Charakter gab.

Was für ein hässlicher Mann! Jetzt sah sie den wahren Will. Der einen Säugling unter den Füßen zermalmen würde, wenn ihm das Geld einbrachte. Alles hatte damit angefangen, dass er ihren Vater betrogen hatte; jetzt war Will reich und ihre Familie arm.

Ich werd's ihm zeigen!

»Entschuldigen Sie mich, Irsh.« Sie führte Irsh aus dem Kreis der Tänzer. »Warten Sie bitte einen Augenblick.«

Sie ließ ihn stehen und rannte zu ihrem Vater, beugte sich zu ihm hinunter und flüsterte: »Papa, irgendwann werde ich Will Carter umbringen. Weißt du das?«

Papa erwiderte streng: »Das darfst du nicht tun, Tochter.«

»Papa, ich kann nicht anders. Du verstehst nicht, wie das ist, wenn man einen Verbrecher töten muss!«

»Doch, das tue ich. Ganz genau versteh ich das.«

»Ach, Papa! Du wolltest doch noch nie jemanden töten!«

»Doch.«

»Und warum hast du's nicht getan?«

»Das ging nicht. Er war schon tot. Trotzdem hätte ich es gern getan.«

»Und – hättest du es gekonnt?«

»Das werde ich nie genau wissen. Ich hoffe nicht.«

»Warum nicht, Papa?«

»Weil ich an das Recht glaube. Und du tust das auch. Du könntest niemanden töten, es sei denn, es geht um dein Leben.«

Sie ließ einen Moment ihre Hand auf seiner Schulter liegen, bevor sie zu Irsh zurücklief.

Papa irrt sich.

Irsh und Toby Jane mischten sich wieder unter die Tänzer, die anderen machten ihnen Platz.

»Was haben Sie denn?«, fragte Irsh.

»Nichts.« Sie hatte eine neue Schrittfolge verpasst. Juliet winkte und lachte, als sie vorbeitanzte, und dort drüben schwebten Robert und Liza im siebten Himmel. Alle anderen tanzten besser als Toby Jane. Sie versuchte Will Carter zu vergessen.

Ein paar Minuten lang stampfte und wirbelte sie wie eine der Besten. Voller Zärtlichkeit betrachtete sie Irsh, der immer hübscher wurde, je länger sie ihn kannte. *Geliebtes Gesicht,* dachte sie.

Sie konnten aber noch nicht heiraten. Vorher musste sie noch etwas erledigen.

Ich bin immer noch auf Boudiccas Pfad. Auf dem Weg der Rache. Will ist unser Feind. Und Papa wird immer schwächer; er macht sich Sorgen um uns. Er darf nicht sterben ohne Genugtuung erfahren zu haben.

Aber Boudicca hat getötet! (Ich werde das auch tun, Papa irrt sich.)

Sie hatte das Gefühl, als riefe Juliets Stimme: *Für wen bist du?*

Für Boudicca!

Ihr Zorn auf Will Carter hatte nicht nachgelassen, er wurde immer stärker.

Will war aufgestanden; er suchte sich eine Partnerin und zwängte sich zwischen die Durhams. Bevor Toby Jane begriff, was er vorhatte, war er mit seiner Partnerin bis in die Mitte der Gruppe getanzt und wieder zurück und plötzlich stand er Toby Jane gegenüber.

Am liebsten hätte sie ihn stehen lassen, wäre sie grob geworden, gewalttätig. Aber sie wollte ihre Eltern nicht mit einer Szene in Verlegenheit bringen. Sie tanzte mit Will und ließ sich von seiner Hand führen. Es war das erste Mal in all den Jahren, dass sie sich berührten. Und das letzte Mal, schwor sie sich.

»Schön hier, was?«, sagte Will.

Sie antwortete nicht.

»Im Sommer is hier jeden Sonnabend Tanz. Das is doch schön, oder nich?«

Sie tanzte weiter, den Kopf strikt seitwärts gerichtet. Plötzlich begriff sie, was er wirklich dachte, als hätte er es laut ausgesprochen.

Als Irsh ihr wieder gegenüberstand, nahm sie ihn an der Hand und führte ihn zum Waldrand.

»Wissen Sie, was Will vorhat?«

»Was denn?«

»Der wird diesen Hain kaufen und dann für die Tanzgesellschaften Geld nehmen. Und wenn das nicht mehr geht, fällt er die Bäume.«

»Wundert mich, dass er Ihnen das gesagt hat.«

»Hat er nicht.«

»Wer dann?«

»Niemand. Ich kenne Will eben. Ich habe seine Gedanken erraten.«

Irsh warf ihr einen erstaunten Blick zu. Er schaute ihr prüfend ins Gesicht, bevor er sagte:

»Gut. Ich tue, was ich kann. Haben Sie zufällig etwas Geld?«

Sie schüttelte den Kopf. »Nicht viel. Dreiundzwanzig Dollar.«

Irsh nickte. »Gehen Sie zu Ihren Eltern, ich komm in ein paar Minuten nach.«

Sie sah, wie er zu Neil ging und ihn an die Seite nahm. Ein junger Geiger übernahm Neils Platz. Irsh redete ernsthaft auf Neil ein, der ihn mit Fragen überfiel, auf die Irsh offenbar immer eine Antwort wusste. Dann wurden sie einig. Irsh nahm seine Brieftasche heraus und gab Neil etwas Geld. Mit einem festen Händedruck gingen sie auseinander.

»Haben Sie den Hain gekauft?«, fragte Toby Jane.

Er lachte und schüttelte den Kopf. »Nein. Das kann ich mir nicht leisten. Er will fünfhundert Dollar dafür. Aber ich habe ihm dreißig Dollar für die Option gegeben, den Hain nächstes Jahr zu kaufen.«

»Dann kann Will ihn nicht kaufen?«

»Jedenfalls bis zum nächsten Jahr nicht.« Trotzdem verzog Irsh wehmütig das Gesicht.

»Was ist?«

»Ich wollte für einen Diamantring sparen.«

»Ach.«

»Fang ich eben noch mal an«, sagte er. »Und es wird weiterhin Picknicks geben und die Bäume bleiben stehen. Zumindest für ein Jahr.«

Er schaute auf die großen Buchen und dabei

bekam sein Gesicht einen liebevollen und traurigen Ausdruck. Als Toby Jane bemerkte, dass er für Bäume Zärtlichkeit empfinden konnte, kribbelte es in ihrem Bauch.

»Sie sind genauso schlimm wie Papa!«, sagte sie.

Plötzlich verschwamm ihr alles vor den Augen. Sie musste gegen den Wunsch ankämpfen, Irsh zu packen und mit ihm über die Berge zu rennen und mit ihm Hochzeit zu halten, so wie viele junge Leute es neuerdings taten.

Eine ganze Weile hatte Will im Gras gelegen und den Tänzern zugeschaut. Er machte sich Gedanken über den Buchenhain, über die Leute, über die Möglichkeiten hier Geld zu verdienen. Amüsierte sich über Daniel und Mattilda, die ihm gegenüber auf der anderen Seite der Lichtung saßen. Sie würden von diesem Tanznachmittag ein wenig Freude mit nach Hause nehmen, er dagegen Geld oder zumindest die Aussicht auf Geld.

»Prüfe dein Leben«, hatte Daniel zu ihm gesagt. Will ärgerte sich immer noch über diesen Satz. Aber er bekam Daniels Aufforderung nicht aus dem Kopf und mitunter folgte er ihr sogar.

Er betrachtete sich selbst wie von ferne. Und fing an zu begreifen, wie Toby Jane ihn sah. Am liebsten hätte er ihr gesagt, er würde noch einmal von vorne anfangen, ein neuer Will Carter werden. Während er darüber nachdachte, fiel ihm plötzlich Amanda ein und seltsamerweise fühlte er sich schuldig.

Prüfe dein Leben! Die Worte hatten sich wie Krallen in seinem Kopf verhakt. Sie wollten ihm nicht aus dem Ohr. Als er auf dem Berg gestanden hatte, nachdem alle Bäume geschlagen waren, hatte er sich unzufrieden gefühlt. Das Geld, das er mit seinen Wäldern verdient hatte, machte ihn nicht froh. Manchmal schloss er die Augen, und, Himmel, die Bäume waren wieder dort, wo sie gestanden hatten.

In seine Gedanken hatten sich immer öfter Flüche gemischt und er konnte nichts dagegen tun. Plötzlich hatte er sich gefragt, ob Toby Jane wohl mit ihm tanzen würde.

Sie hatte es tatsächlich getan, aber kaum dass er sich an die atemberaubenden Berührungen ihrer kleinen, festen Hand und der wohlgeschwungenen Hüfte gewöhnt hatte, war sie schon wieder weg gewesen.

Will ging zu Neil Morris und bot ihm an das Wäldchen zu kaufen.

»Du kommst zu spät«, sagte Neil. »Irsh Loghlan hat mir dreißig Dollar für ’ne einjährige Option drauf bezahlt.«

»Haste ihm ’ne Quittung gegeben?«

»Nein, aber mein Wort.«

»Haste ’nen Vertrag unterzeichnet?«

»Das war nich nötig. Wir haben uns die Hand drauf gegeben.«

»Ein Handschlag zählt doch nichts, Neil«, sagte Will freundlich. »Nur ’n schriftlicher Vertrag mit Unterschrift bedeutet wirklich was.«

Neil streckte ihm seine braune Hand entgegen. Verbrennungen, Schnitte, harte Arbeit hatten Narben hinterlassen. Die Nägel waren eingerissen. Ein trauriger Anblick.

»Diese Hand is mehr wert wie jedes Stück Papier, das ich je vor der Nase hatte.«

Will zuckte mit den Achseln und ging. Er konnte ein Jahr warten. Irsh würde nie genug Geld verdienen. Sobald man für das Picknick Eintrittsgeld verlangte, kämen garantiert auch die Leute vom Hügel! Die würden sich so ein Vergnügen allerhand kosten lassen. Und wenn nicht, war's auch egal, denn das Holz war viel mehr wert, als das Land kostete.

Die Stämme könnte er auf dem flachen Güterwaggon der Bimmelbahn zu seiner Sägemühle am Fluss bringen. Das ging leichter als flößen. Und im Nu hätte er ein kleines Vermögen gemacht.

Am Montagabend holte Irsh Toby Jane von der Arbeit ab. Sie gingen bei der Post vorbei.

»Kuck einer an!«, sagte sie. »Ein Brief für mich.« Sie las ihn und lachte.

»Dieser alte Trottel.«

»Wer?«

»Ach, Papas Arzt. Er will mich umsonst behandeln, ich brauch nur bei ihm vorbeizukommen.«

»Donnerwetter noch mal!«, sagte Irsh und schnappte sich den Brief. »Ein bisschen Entspannung tut Ihnen gut«, las Irsh laut. »Ich werde Sie von Ihren Kopfschmerzen befreien. PS: Es ist doch nicht nötig, dass Ihr Vater so viel bezahlen muss.«

Irshs Gesicht war schneeweiß, seine Augen schimmerten dunkel.

»Dieser Mistkerl!«, sagte er. »Toby Jane, gehen Sie nach Hause. Ich werd mich um diesen Doktor kümmern.«

Toby Jane starrte ihm nach. Irsh rannte auf das Hotel zu.

»Irsh!«, rief sie ihm hinterher. »Das macht mir doch überhaupt nichts aus!«

»Aber mir!«, schrie er. »Dem werd ich's zeigen!«

Daraufhin lief sie ihm sofort hinterher. Als sie das Hotel betrat, kam Irsh aus seinem Zimmer im Erdgeschoss und knöpfte seine Jacke über einer Pistole zu.

»Gehen Sie nach Hause, Liebes.«

»Irsh! Das dürfen Sie nicht tun!«

»Doch! Und ich tue es auch!«

Irsh ging in die Halle und setzte sich. »Er wird bald kommen. Er isst hier immer zu Abend.«

Durch das Fenster entdeckte Toby Jane Robert McIvor, der die Straße überquerte. Sie rannte ihm hinterher, holte ihn ein und erklärte ihm, was Irsh vorhatte.

»Kann ich gut verstehen«, sagte Robert. »Aber der Doktor ist schon auf seinem Zimmer. Er hat sich heute früh zurückgezogen.«

»Robert, bitte! Geh über die Hintertreppe rauf und warne ihn!«

Robert nickte und lief zum Hintereingang des Hotels.

Fünf Minuten später kam er zurück.

»Er ist auf dem Weg nach Hause und wird nie wieder zurückkommen«, kicherte Robert. »Er hat die Hälfte von seinem Zeug hier gelassen. War zu nervös zum Packen.«

»Aber wir dürfen's Irsh noch nicht sagen. Sonst jagt er ihm nach!«

»Ist gut. Geh du nach Haus. Ich kümmer mich um Irsh.«

»Danke, Robert. Du wirst ein großartiger Schwager!«

Robert strahlte und ging ins Hotel.

Als Toby Jane mit Papa alleine war, erzählte sie ihm, was Irsh hatte tun wollen.

Papa nickte. »Guter Mann! Guter Mann!«

»Aber Papa! Irsh wollte ihn umbringen!«

»In der Tat.«

»Aber du hast mir gesagt, dass man nicht Rache nehmen darf.«

»Ein Mann muss das manchmal tun. Eine Frau darf das nie.«

»Aber Papa!«

Mehr sagte sie nicht. Mit ihrem Vater war nicht zu reden, weil er Angst um sie hatte. Zum ersten Mal merkte sie, dass Papa Frauen nicht so gerecht werden konnte wie Männern.

Es war der vierte Juli, Tag der Unabhängigkeit, Grund zum Feiern. Und Toby Janes Nichte Dorothy kam nach Hause!

Die Sonne schien, eine leichte Brise wehte. Kein

Sprenglärm war zu hören. Aus der vollkommenen Stille schloss Toby Jane, dass Wills Männer heute nicht dabei waren, den wilden Powell zu bändigen. Und wahrscheinlich würden seine Holzfäller an diesem Feiertag auch den Wald in Frieden lassen.

Alle Leute sprachen darüber, wie entsetzlich der Berg aussah. Toby Jane hielt sich bewusst fern. Nichts sollte ihr diesen Tag verderben.

Besorgt lief sie in der oberen Etage auf und ab. Ausgerechnet heute hatte die Bimmelbahn Verspätung. Die achtjährige Dorothy, die in Oklahoma bei ihrem Vater lebte, hatte so lange gebeten und gebettelt, bis sie zu ihrer Grandma ziehen durfte. Freunde ihres Vaters hatten sie zur L & N gebracht, mit der sie bis nach Laurel Gap fahren würde. Jetzt brauchte sie nur noch in die Bimmelbahn zu steigen und dann konnte Toby Jane mit ihr zur Feier des Unabhängigkeitstages gehen.

»Toby!« Mama. Das klang nicht gut, denn sie rief ihre Tochter nie nur mit halbem Namen, es sei denn …

»Liebes, du musst zur L & N reiten um Dorothy abzuholen. Die Bimmelbahn hat Maschinenschaden.«

Toby Jane schaute in den Spiegel. Sie sah todschick aus in dem neuen weißen Kleid mit den Keulenärmeln und der Wespentaille. Irsh würden die Augen aus dem Kopf fallen. Ein hinreißendes, zauberhaftes Kleid. Das rote Haar hatte Toby Jane zu einer pompösen Frisur aufgesteckt, so hoch und elegant, wie es ihr noch nie gelungen war. Und dazu würde sie einen Sonnenschirm aus weißer Spitze tragen, den sie aufspannen oder geschlossen in der Hand hin und her schwingen lassen konnte. *Ich finde mich wunderschön,* dachte sie. *Irsh wird stolz auf mich sein!*

»Liebes, wir treffen uns dann im Park. Und wir sagen Irsh Bescheid. Zieh dich lieber um!«

Sie seufzte. Natürlich würde ein Ritt auf einem schweißnassen Pferd das schöne Kleid ruinieren. Also zog sie ein blau kariertes Baumwollkleid an, rannte nach unten und pfiff Bill herbei. Wahrscheinlich würde sie das Pferderennen im Park verpassen und sie hoffte nur, dass irgendjemand – egal wer – Amanda schlagen und damit Will eins auswischen würde. Will verdiente mit den Pferderennen mehr Geld als Papa beim Steuereintreiben oder dem Verkauf von Gemüse, Lebensmitteln oder anderen Dingen.

Oh, wie gerne würde sie Amanda verlieren sehen, und das ging der halben Stadt so. Der Pferdehandel hatte einen ungeheuren Aufschwung erlebt, weil die Damen vom Hügel das Rennen um jeden Preis gewinnen wollten.

Toby Jane schwang sich auf Bill und jagte ihn die Straße am Fluss entlang. Dorothy wartete sicher schon ungeduldig.

Toby Jane liebte das braune Pferd. Es könnte Amandas Pferd schlagen – jede Wette –, wenn Papa erlauben würde, dass sie die Startgebühr zahlte, und wenn sich Bill vor dem Rennen ein paar Runden warm laufen könnte.

Mit diesem kleinen Pferd könnte ich in den Krieg ziehen, dachte sie. *Wie Boudicca, im Kampf gegen die Römer.*

Von einer unerklärlichen Wut getrieben, preschte sie auf den Bahnhof zu. Bill war kaum warm geworden, schwitzte nur wenig. Dorothy stand neben ihrem Koffer, eine Hand über die Augen geschirmt.

Sie hatte sich verändert. Braun gebrannt, dünner, größer war sie, steckte aber immer noch in einem ihrer alten Kleider. Es war so ungehörig kurz, dass die Schienbeine zu sehen waren. Toby Jane sprang vom Pferd und die beiden starrten sich einen Augenblick an wie Fremde. Aber schon fielen sie einander in die Arme und wollten sich gar nicht mehr loslassen. Toby Jane zwinkerte sich die Tränen aus den Augen. Noch eine schnelle Umarmung.

Toby Jane rief dem Bahnhofsvorsteher zu: »Können Sie den Koffer mit der Bimmelbahn schicken, ja?«

»Aber sicher, Toby Jane. Wollt ihr zur Feier?«

»Jap. Auf schnellstem Wege.«

Sie schwang sich auf Bills Rücken, streckte Dorothy die Hand entgegen und zog das Mädchen zu sich herauf. Und schon sausten sie los.

»Warum hast du's so eilig?«

»Das Damen-Pferderennen geht gleich los!«

Schweigen.

»Machen wir da mit?«

Toby Jane lachte, dann meinte sie: »Ich hab mich nicht angemeldet.«

Warum eigentlich nicht?, dachte sie. *Bill ist noch lange nicht müde.*

»Weißt du was, wir sollten es versuchen. Wir gehen erst nach Haus und ziehen uns was Anständiges an. Sonst sehen wir wie Landstreicherinnen aus zwischen all den schicken Damen auf ihren prächtigen Pferden.«

Toby Jane lauschte Bills schnellen Hufschlägen. Sie waren fast zu Hause, als sie aus dem Park lautes Gejohle hörten. Das Rennen würde gleich beginnen.

Also ließ Toby Jane Bill eine Kehrtwende machen und lenkte ihn zur Hängebrücke.

Es blieb keine Zeit ihn geduldig hinüberzulocken. Gewöhnlich tätschelte sie ihn aufmunternd, bedeckte seine Augen und versprach ihm eine Portion Melasse, damit er über die Brücke lief. Aber das ging jetzt nicht.

»Halt dich fest, Dorothy. Wir reiten rüber.«

Sie spürte, wie Dorothys Griff fester wurde, und dann stieß Toby Jane Bill kräftig in die Flanken.

»Lauf, Bill!«

Er zögerte. Sie trat noch einmal zu.

»LAUF!«

Und sie ritten hinüber. Bill wieherte panisch, aber er gehorchte. Mitten auf der Brücke hörten sie den Startschuss des Rennens. Als sie den Park erreichten, sahen sie die Pferde die Bahn entlanggaloppieren. Von den Zuschauern kam lautes Gebrüll. Toby Jane hatte keine Zeit nach Mama und Papa in seinem Rollstuhl Ausschau zu halten.

»Wir machen mit, Bill!« Sie lenkte ihn auf die Bahn, wobei sie die ganze Zeit mit der Hand sachte auf seine Rippen schlug.

»Mist!«, sagte sie. »Die anderen haben zwanzig Yards Vorsprung.«

Dorothy quietschte vor Vergnügen. »Wir schlagen sie!«

Toby Jane ließ sich von ihr anstecken. Leise feuerte sie Bill an.

»Hopp, hopp, hopp. Lauf, Bill. Lauf, mein Pferdchen! Hopp! Hopp! Wir werden Erste!«

In ihrem Kopf machte sich eine entmutigende Stimme breit. *Das gehört sich nicht. Du bist nicht richtig angezogen. Dorothy hat Ruß auf dem Kragen.*

Was wird Irsh denken?

Der arme Bill. Er ist ein Arbeitstier und kein Rennpferd, auch wenn er selber denkt, er wär eins. Ich bin gar nicht angemeldet. Wir haben hier überhaupt nichts zu suchen. Ich mache der Familie Schande!

Dorothy kreischte schrill: »Wir werden Erste! Wir werden Erste!«

Toby Jane schaute nach vorn. Die anderen Pferde schienen langsamer zu werden.

Ach, die Damen vom Hügel, die Ärmsten! Ihre Haltung war perfekt, ihre Reittiere herausgeputzt. Doch obwohl ihre Pferde in vollem Galopp liefen, schienen sie fast stillzustehen, als Bill an ihnen vorbeisprengte.

Toby Jane machte sich immer noch über ihr

Aussehen Gedanken. Ein verschwitztes kariertes Baumwollkleid und dazu diese pompöse Frisur. Jedenfalls war sie mal pompös gewesen.

Was soll's.

Sie zog an der großen Haarnadel, die den Aufbau auf ihrem Kopf zusammenhielt. Schüttelte den Kopf, spürte einen kühlen Wind auf der Kopfhaut, während ihr Haar frei flatterte.

»Pfui!«, rief ihr Dorothy ins Ohr. »Ich hab den ganzen Mund voll roter Haare!«

Toby Jane lachte. Sie wusste, was sie für einen Anblick bot. Das Kleid war ihr bis an die Knie heraufgerutscht, die Haare wehten wild.

»Da ist Grandpa!«, schrie Dorothy. »Hallo, Grandpa! Hallo, Grandma! Ich bin wieder daheim!«

Toby Jane lachte, hörte, wie das Wort im Wind verwehte. DA-HEI-EIM! Sie blickte kurz zu ihren Eltern hinüber, denen der Mund offen stand. Mama war plötzlich aufgesprungen und klatschte. Und Irsh. Da war er! Er hüpfte auf und ab und winkte ihnen mit seinem flachen Strohhut zu. Dabei vollführte seine Hand einen großen Bogen vom Boden bis hoch in die Luft und wieder zurück.

»Lauf, Bill, liebes Pferdchen, lauf!«, flüsterte Toby Jane.

Auf dem oberen Rang saß Will Carter. Die Silhouette seines Körpers zeichnete sich vor dem Himmel ab, seine ganze Haltung drückte Erstaunen aus. Toby Jane grinste.

»Kuck nach vorne!«, schrie Dorothy. »Kuck doch, da!«

Dort saßen ihre Verwandten und Freunde; Juliet, Neil Morris und Rhodie, Mervin, Liza und Robert McIvor hüpften und feuerten sie an. Neben ihnen entdeckte sie den Methodisten-Prediger aus dem Norden, er winkte ihr zu und schrie: »Lauf! Lauf!«

Das ist ein Grund in seine Kirche zu gehen, dachte Toby Jane.

Irsh kam quer über den Rasen gerannt um ihr von dort zuzuwinken. Als sie sich ihm näherten, fing er an wie ein tollwütiges Kaninchen in die Luft zu springen und machte bei jedem Satz: »Hopp! Hopp! Hopp!« Oh, wie sie diesen Mann liebte!

Toby Jane hob den Kopf. Trotz des Staubes sah sie, dass nur noch ein Pferd vor ihr war. Amanda. Amanda, die von allen das schönste Reitkleid trug. Amanda, die Große.

Bis zu diesem Punkt war für sie alles nur ein Spiel gewesen, aber jetzt merkte Amanda, dass ihr jemand ernstlich nahe kam. Sie beugte sich vor und schlug wie wild mit ihrer Peitsche auf ihr Pferd ein, immer abwechselnd auf den Hals und auf die Flanke. Toby Jane, die mit Tieren zu sanft umging um das Äußerste aus ihnen herausholen zu können, verzog angewidert das Gesicht.

»Na los, Billy, mein Junge, du schaffst das!«

Bill gab sich Mühe, aber Amanda hatte einen guten Vorsprung. Sie näherten sich dem Ziel.

»Bitte, Bill.« Sie kamen ein Stück näher. Aber das reichte noch nicht.

Sie gab Bill einen Tritt in die Seite. »Lauf, Bill!«

Bill riss erschrocken die Augen auf, dass sie fast aus den Höhlen traten. Dann preschte er an Amanda vorbei. Toby Jane drehte sich um, warf der erschütterten Amanda einen würdevollen Blick zu.

Sekunden später hatten sie das Rennen gewonnen. Kurz darauf waren sie im Kreis ihrer Familie, wurden umarmt und geküsst, alle lachten und freuten sich. Erst nach einer ganzen Weile merkte Toby Jane, was für ein Tumult im ganzen Park herrschte. Doch das kümmerte sie nicht, sie hatte ihren Spaß gehabt.

Die Hälfte der Zuschauer brüllte, Toby Jane hätte gar nicht gewinnen können, weil sie nicht angemeldet war. Und außerdem, das sei noch unfairer, sei sie aus vollem Lauf gestartet, die anderen Reiterinnen dagegen aus dem Stand. Das sei ein unlauterer Vorteil!

»Gar nicht wahr!«, hielten die anderen dagegen. »Sie waren zu zweit auf dem Pferd und sind erst viel später gestartet!«

Verwandte und Freunde umschwärmten Toby Jane, gratulierten ihr, als wäre es keine Frage, dass sie das Rennen gewonnen hätte. Irsh hielt ihr mit einer Begeisterung die Hand, als hätte sie das neue weiße Kleid an. Und Dorothy umarmte Mama und Papa, als wollte sie die beiden nie mehr loslassen.

Will Carter würde Probleme haben seine Wett-Erlöse einzutreiben.

Als Toby Jane mit Dorothy alleine war, versicherte sie ihr feierlich: »Du kannst gehen, wohin du willst. Überallhin. Du wirst ein kleines Pferd kriegen, das mit dir auf dem Rücken durch den Fluss schwimmen oder auf den Berg klettern kann. Du wirst so frei sein wie ich.«

Sie war sich nicht sicher, ob Dorothy verstand, wie berauschend das alles war, denn ihre große, braun gebrannte Nichte war von der Eisenbahnfahrt noch so erschöpft, dass sie sich überhaupt nicht vorstellen konnte irgendwohin gehen zu wollen.

An einem heißen Nachmittag, als Toby Jane und Liza die Küche aufräumten, kam Irsh zu Besuch. Er war nervös und aufgeregt und wollte mit Toby Janes Eltern sprechen. Die drei verschwanden im Salon, zum Ärger von Toby Jane. Liza kicherte gnadenlos.

Minuten später kamen Irsh und ihre Eltern in die Küche zurück. Jetzt war es Mama, die grinste und gluckste. Toby Jane wurde wütend.

»Was habt ihr im Salon gemacht?«, fragte sie in scharfem Ton. »Um mich geschachert wie um einen alten Gaul?«

»So ungefähr«, antwortete Mama.

»So wie Will, was!«

»Nein, nein, Toby Jane«, sagte Irsh. »Ich habe nur gefragt, ob ich die Erlaubnis bekomme offiziell mit Ihnen auszugehen, weil ... äh ... weil ich ...«

»Was?«

»Weil ich Sie ... weil ich Sie gerne heiraten würde.«

»Ist das ein Antrag?«

»Noch nicht. Na ja – doch.«

»Darf ich mir den Mann aussuchen, den ich heirate?«

»Toby Jane!«, sagte ihr Vater. »Das weißt du doch. Wir haben Irsh einfach nur die Erlaubnis gegeben ernsthaft um dich zu werben, wenn du nichts dagegen hast.«

Irsh sah plötzlich jung und ängstlich aus.

Toby Jane war immer noch sauer wie eine grüne Beere und fragte: »Wann soll die Hochzeit sein?«

»Am Geburtstag Ihrer Mutter, im übernächsten Jahr«, erwiderte Irsh.

»Sogar das Datum habt ihr schon festgelegt!«

»Nein, Toby Jane! Ich hab nur versprochen, dass ich Sie nicht vorher heiraten will.«

»Jetzt versteh ich, warum du so kicherst, Mama. Mein Gott, Irsh! Übernächstes Jahr bin ich eine alte Frau.«

Mama, Papa und Liza gaben sich Mühe ernst zu bleiben.

»Neunzehn«, sagte Irsh. »Und ich werde einundzwanzig sein.«

»Ich könnte wetten, dass das nicht Ihre Idee war – übernächstes Jahr an Mamas Geburtstag.«

»Stimmt. Ich würd am liebsten gleich den Pfarrer holen, aber davon wollen sie nichts wissen. Ich mein es ernst, Toby Jane. Aber ich will's mir nicht mit Ihren Eltern verderben.«

»Sie sollten sich lieber mit mir gut stellen.«

»Das will ich ja. Also, lassen Sie uns gemeinsam

ausgehen. Jetzt gleich. Kommen Sie, ich lade Sie zu einem Eis bei Mrs. Barron ein.«

Sie überlegte. In ihr mischte sich ein verwirrendes Glücksgefühl mit der Enttäuschung, dass ihre Eltern sie nicht mit in das Gespräch einbezogen hatten.

»Also wollen wir ernsthaft miteinander ausgehen? Gut. Dann lassen Sie uns morgen nach Crane's Nest fahren und Walderdbeeren pflücken.«

Das Lächeln im Gesicht ihrer Mutter wich einem nervösen Zucken.

Irsh warf ihren Eltern einen fragenden Blick zu, die ihrerseits ihn Hilfe suchend anschauten.

»Ist recht«, sagte er schließlich. »Ich werde im Morgengrauen mit Pferd und Wagen hier sein.«

»Sie müssten dort übernachten«, sagte Mama. »Das ist zu weit für einen Tagesausflug.«

Toby Jane war jetzt die Einzige, die lächelte.

»Und wo könnten wir übernachten?«, fragte Irsh, der wie Mama das Gesicht verzog.

»Bei den Riggs'. Aber Sie müssten sie anrufen.«

»Das mache ich.«

Und auf diese Art gingen Toby Jane und Irsh zum ersten Mal richtig miteinander aus.

Irsh musste für die Fahrt nach Crane's Nest einen Einspänner und ein Pferd mieten, denn seit sie sich kennen gelernt hatten, war er nicht viel reicher geworden und besaß kein eigenes Gespann.

Crane's Nest. Toby Jane erinnerte sich gut an den Ort. Als Kind war sie oft mit Mama die Familie Riggs besuchen gegangen. In der Nähe von deren Haus ragte eine riesige Felswand in den Himmel, über der die Kraniche majestätisch kreisten. Niemand wusste, warum die Vögel sich dort niedergelassen hatten, aber sie nisteten seit Menschengedenken dort. Irsh würde den Anblick der Kraniche genießen.

Sie wollten weder in die Nähe ihrer alten Farm noch in die von Wills ehemaligem Bergwerk gehen. Es hatte keinen Sinn mit einem bitteren Geschmack im Mund nach Hause zu kommen.

Dies würde das erste Mal sein, dass Toby Jane und Irsh für längere Zeit miteinander alleine waren. Mama war es lieber, wenn sich die jungen Paare mit einem halben Dutzend anderer trafen. Aber das hatten sie lange genug getan. Immer in Gesellschaft. Am Abend vor der Fahrt hatte Mama noch vorgeschlagen, dass Liza und Robert mitfahren sollten.

»Nein, Ma'am.« Toby Jane war eisern geblieben. Irsh und sie hatten lange genug im Kreis von anderen gelacht und gespielt. Sie brauchten Zeit für sich allein.

Dieses Abenteuer nahm ihr beinahe den Atem. Irsh wollte ihre Hand gar nicht wieder hergeben und Toby Jane spukte andauernd die Decke im Kopf herum, die Irsh zusammengefaltet über den Sitz gelegt hatte.

Als sie zum Mittagessen anhielten, lief Toby Jane beharrlich um die Decke herum, die Irsh auf dem Boden ausgebreitet hatte. In diesem abgelegenen Winkel war außer ihnen weit und breit kein

Mensch. Toby Jane lief hin und her und redete ohne Punkt und Komma. Irsh saß auf der Decke und schaute ihr schweigend zu.

Sie sprach über die Hochofenpleite, das Lehrerinnenseminar, das in diesem Jahr ins östliche Virginia verlegt wurde, die Rückholbewegung, mit der man Abenteurer aus dem Wilden Westen heim zu den Familien bringen wollte.

»Findest du das gut?«, fragte sie.

»Ich glaub schon«, sagte Irsh. »Jedenfalls für die Eisenbahngesellschaften. Dann können sie noch mal Fahrgeld kassieren.«

»Das hat Mama auch gesagt.«

Irsh nickte. »Willst du dich nicht setzen?«

Toby Jane hatte sich entschieden. Sie würde sich nicht setzen. Was erwartete Irsh von ihr, wenn sie sich setzte? Sie wusste selber nicht, was sie dann tun würde, vielleicht würde sie ihn einfach in den Arm nehmen und mit ihm auf der Decke herumrollen.

Sie nahm eine kleine Schale mit Essen und lief weiter hin und her, vor und zurück. Irsh saß mit untergeschlagenen Beinen auf der Decke und blickte sie traurig an.

»Hast du Angst, wir würden etwas tun, was wir lieber nicht sollten, wenn du dich hinsetzt?«

Sie musste nicken, wusste nicht, was sie sonst hätte antworten sollen.

»Bitte setz dich doch, Liebes. Es wird nicht geschehen, bevor wir verheiratet sind.«

Sie hatte trotzdem Angst, denn sie kannte genug Mädchen, deren Leben ruiniert war, weil sie ihre

Kinder zu früh bekamen. Außerdem wusste sie, wie neugierig sie war und wie sehr Irsh sie begehrte.

Irsh fügte hinzu: »Ich garantiere, dass es passiert, sobald wir verheiratet sind und der Pfarrer uns den Rücken zugekehrt hat.«

Kichernd stellte sie sich vor, wie das wäre bei ihrer ersten Vereinigung. Der Pfarrer stand mit dem Rücken zu ihnen, Schwestern und Mutter reichten Erfrischungen herum.

Gott, sie hatte genug von dieser Lauferei!

Sie setzte sich auf die Decke und beide beendeten ihr Mittagessen. Irsh berührte sie nur ein einziges Mal, als er ihr die Hand zum Einsteigen reichte.

Die Hügel in Crane's Nest waren mit süßen, reifen Erdbeeren bedeckt. Sie pflückten einen Korb voll für ihre Gastgeber.

Als sie um eine Kurve kamen, sagte Toby Jane: »Hör mal!«

Tief aus dem Wald kam Musik.

»Wir sind da«, sagte sie.

Die Riggs' konnten jedes Instrument spielen, das sie in die Finger bekamen: Klavier, Geige, Gitarre. Auf den Saiten der Gitarre zupften sie die kompliziertesten Melodien, das bloße Schlagen von Akkorden lehnten sie ab.

Ein Hund bellte. Die Riggs', allen voran Emma, kamen herausgelaufen um sie zu begrüßen.

Am nächsten Morgen luden die Riggs' Toby Jane und Irsh ein mit ihnen zur Klippe zu fahren und dort zu frühstücken.

Auf dem Weg schaute Toby Jane immer wieder nach oben, weil sie hoffte einen Kranich zu entdecken. Sie freute sich darauf, den Kranichfelsen gemeinsam mit Irsh zu sehen. Der Ort hatte etwas Magisches an sich. Leichter Hochnebel lag über der Landschaft. Die Sonne schien blass, aber wenn man sie direkt anschaute, blendete sie doch. Toby Jane zitterte vor Aufregung. Frühstück am Felsenhang mit Irsh!

Lawrence Riggs zupfte seine Gitarre. Man brauchte nur den Namen eines Liedes zu nennen und schon spielte er es. Und die ganze Familie Riggs sang dazu. Obwohl Toby Jane keinen Ton halten konnte (auch mit beiden Händen nicht), sang sie mit. Als sie merkte, dass Irsh kein bisschen besser singen konnte als sie, musste sie kichern. Wie unmusikalisch würden wohl ihre armen Kinder sein?

Plötzlich ragte die Klippe vor ihnen auf. Der Wagen fuhr dicht an die Felswand heran. Die Riggs' packten das Frühstück aus: Warme, gebutterte Brötchen, kalter Schinken, Kaffee und Erdbeermarmelade wurden im hinteren Teil des Wagens aufgestellt, wo jeder leicht herankommen konnte. Toby Jane und Irsh liefen hinüber zu einer sprudelnden Quelle am Fuße des Felsens, füllten zwei Krüge mit eisigem Wasser und brachten sie zum Wagen. Emma Riggs packte eine Schöpfkelle aus.

Toby Jane legte den Kopf in den Nacken.

»Wir sind direkt unter der Klippe«, sagte sie. »Hoffentlich fällt uns kein Vogeldreck ins Essen!«

Lawrence, der auf dem Kutschbock saß und die Gitarre zupfte, blickte auf.

»Von welchen Vögeln denn?«

»Von den Kranichen natürlich! Den Kranichen!« Toby Jane bekam plötzlich Angst und drehte sich zu Lawrence um. Er spielte eine Melodie und sang dazu:

»Kam der Jäger, kam der Jäger,
schoss und schoss und schoss sie tot.
Ach, die wilden Kraniche, die wilden Kraniche,
die Kraniche sind fort, sind fort!
Die wilden Kraniche, die sind nicht mehr.«

»Was? Sie können doch nicht weg sein! Niemand hat mir gesagt, dass die Kraniche weg sind!«

Emma Riggs legte ihr die Hand auf die Schulter. »Liebes, mir geht's genau wie dir.«

»Wer war das? Sag es mir. Hat es wirklich einen Jäger gegeben? Oder ist das bloß ein Lied, das Lawrence sich ausgedacht hat?«

»Es gab einen Jäger. Er hat sie während der Brutzeit abgeschossen. Seit einem Jahr sind die Kraniche verschwunden.«

Toby Jane erinnerte sich plötzlich, dass in der Zeitung über tote Kraniche berichtet worden war, als Will Carter noch in Crane Creek wohnte.

»Hat Will Carter …?«, fing sie an.

»Vor allem er«, sagte Emma. »Angeblich wollte er nur seine Schusstechnik verbessern. Er hat nicht alle getötet, aber die übrigen haben aufgegeben und sind fortgeflogen.«

Lawrence spielte leise die Melodie. *Die wilden Kraniche sind fort. Die wilden Kraniche sind fort.*

Toby Jane spürte, wie Boudiccas Zorn in ihr hochwallte. Ihr wurde heiß, sie hätte explodieren können.

Will Carter. Der Zerstörer.

Warum konnte Will Carter nicht wie die anderen hier leben und vernünftigen Gebrauch von dem machen, was die Berge boten? Sie ballte die Hände zu Fäusten, bekam kaum Luft. Sie wünschte sich ein Gewehr, damit sie dem Lied eine andere Wendung geben könnte: *Will Carter ist fort, ist fort. Will Carter ist nicht mehr.*

Sie traf einen Entschluss. Sie würde es Will Carter heimzahlen, sie würde ihn fertig machen. Diesen Menschen, für den nur der eigene Wille zählte.

Plötzlich merkte sie, dass Irsh sie zärtlich besorgt anschaute. Sie nahm seine Hand und schloss die Augen, bis sie sich wieder beruhigt hatte. Aber das Picknick war ihr verdorben. Sie wollte Erdbeeren pflücken und dann mit Irsh nach Hause fahren.

Auf dem Heimweg verloren sie nicht ein Wort über die Kraniche. Stattdessen erzählte Irsh von seiner irischen Großmutter Brigid Ni Clery Loghlan, einer großartigen alten Frau, die in ihrer Jugend, zu Zeiten der großen Hungersnot in Irland, ganz alleine in die Vereinigten Staaten ausgewandert war. Eine wunderbare, feurige alte Dame. Sie wollte Toby Jane kennen lernen.

Langsam ließ Toby Janes Zorn nach.

»Vielleicht können wir sie eines Tages mal besuchen«, sagte Irsh.

»Ja, das tun wir. Auf alle Fälle. Oder sie kann herkommen und den Winter bei uns verbringen.«

Er schob seine Hand unter ihren Arm und schnalzte dem Pferd zu. *Irsh sehnt sich nach seiner Familie,* dachte Toby Jane. *Das wird nie aufhören.* Sie musste seine Großmutter Brigid einladen.

Im Licht der Sterne fuhren sie heim. Insekten sirrten und Frösche quakten. Trotz dieser Begleitmusik hallten noch das Zupfen der Gitarre und Lawrence' Kranichlied in Toby Janes Ohren.

Noch bevor der winzigste Strahl der Morgensonne über den Stone Mountain gekrochen war, lag Toby Jane wach im Bett und beschäftigte sich mit Mordgedanken. Dass sie Will töten musste, war für sie keine Frage mehr, das war entschieden. Es waren Papas Argumente, mit denen sie sich herumschlug.

Sie stand auf, zündete eine Lampe an, zog sich ihr Arbeitskleid an und ging Papa wecken. Er wandte sich langsam um, lächelte sie an, legte aber gleich den Finger über den Mund. Mama schlief noch.

Toby Jane flüsterte: »Papa, ist Will Carter ein schlechter Mensch?«

»Du kannst Fragen stellen, Fräulein! Und das vor dem Frühstück!«, sagte Mama mit geschlossenen Augen.

Papa und Toby Jane kicherten gleichzeitig los.

Er nahm ihre Frage ernst. Antwortete nicht sofort. Das Sprechen fiel ihm immer schwerer.

»Eher gedankenlos als schlecht.«

»Und das ist nicht so schlimm?«

»Doch, das ist schlimm. Denn er könnte sich ja Gedanken machen.«

Sollte er mit dem Tod bestraft werden?, wollte sie ihren Vater fragen. Konnte es aber nicht.

»Danke, Papa.« Sie beugte sich vor um ihm einen Kuss zu geben, dann ging sie um das Bett herum und küsste ihre Mutter.

»Guten Morgen, mein Schatz«, sagte Mama.

Toby Jane blickte aus dem Fenster und sah, dass der blasse Dunst über dem Stone Mountain die ersten Sonnenstrahlen einfing. Sie lief hinunter um das Frühstück für ihre Familie vorzubereiten. Diese Aufgabe schien ihr auf einmal kostbar, nun, da sie heiraten wollte und schon in eineinhalb Jahren ausziehen würde.

Sie holte die Wochenzeitung von draußen herein, warf im Schein der Lampe einen Blick darauf und las grinsend eine Notiz in der Klatschspalte: *Toby Jane Durham und Irish Loghlan geben noch nicht bekannt, dass sie sich versprochen haben sich die Ehe zu versprechen.*

Ein plötzliches Buu-UM schreckte sie auf. Natürlich musste Will Carter in dem Moment, in dem sie von ihrer eigenen Verlobung las, eine Sprengladung hochgehen lassen. In letzter Zeit hatte sie nicht einmal einen flüchtigen Blick auf Wills Werk der Zerstörung in der Schlucht geworfen. Sie wollte nicht sehen, wie die Felsbrocken im Fluss zu Kieselsteinen zerschmettert, die Berghänge aller Bäume beraubt waren.

Sie musste sich beeilen. Nach der Arbeit in der Telefonzentrale wollte sie am Abend zusammen mit Irsh ihre Nichte Dorothy nach Bristol bringen, die bei den Schwestern ihres Vaters eingeladen war. Das Mädchen würde eine Woche lang bleiben, Irsh und Toby Jane wollten aber schon am nächsten Morgen zurückkehren.

Mama vertraute Irsh. Er würde sich zusammenreißen, auch über die Nacht hinweg. Toby Jane musste grinsen. Was würde ihre Mutter tun, wenn sie wüsste, was für Gedanken ihre Tochter im Kopf hatte?

Toby Jane bereitete das Frühstück zu, trank eine Tasse Kaffee und aß ein Brötchen. Bevor die anderen herunterkamen, war sie schon aus dem Haus.

Auf der anderen Seite der Hängebrücke traf sie Will Carter. Dieses Mal verschonte er sie mit seinem Lied. Er hatte anderes im Sinn.

»Hab gehört, ihr bringt heute Abend deine Nichte nach Bristol, Irsh und du.«

»Ja.«

Er streckte ihr eine Zeitung entgegen.

»Ich will wissen, ob das stimmt.« Er deutete auf die Spalte, die sie gerade gelesen hatte.

»Ja, das stimmt.« Sie ging weiter.

»Das schert mich einen Dreck!«, sagte er. »Is das klar?«

Sie zuckte mit den Schultern und ging weiter.

Als sie zurückblickte, ertappte sie ihn dabei, wie er sich im selben Moment nach ihr umdrehte.

»Nich die Bohne interessiert mich das!«, rief er, wandte sich schnurstracks um und lief auf den Berg zu.

Noch nie hatte sie ihn so erschüttert, so blass gesehen. Bis auf das Rot der Narbe über dem Auge war alle Farbe aus seinem Gesicht gewichen. Er schien am Boden zerstört. Sein Äußeres hatte sich seinem hässlichen inneren Wesen angepasst.

Er muss ausgelöscht werden.

Den ganzen Tag lang überlegte Toby Jane, was sie mit Will tun sollte. Warum konnte sie sich nicht einfach vor ihn hinstellen und ihn erschießen? So wie Mollie Hall ihren Mann getötet hatte?

Als sie schließlich im Zug nach Bristol saßen und Dorothy ein Glas Wasser trinken gegangen war, sprach Toby Jane mit Irsh über Will.

»Weißt du noch, wie du Dr. Collins töten wolltest?«

Irsh wandte sich überrascht ihr zu. »Ja.«

»Warum wolltest du das tun?«

»Er hat dich beleidigt.«

»Will hat uns viel schlimmere Dinge angetan, und nicht nur uns, sondern auch anderen, Menschen und Tieren. Er hat Papa den Boden unter den Füßen weggezogen. Wegen ihm ist Papa kränker, als er sonst sein würde, da bin ich sicher.«

Irsh hörte aufmerksam zu.

»Ich möchte Will töten.«

»Das kann doch nicht dein Ernst sein!«

»Doch, das ist mein Ernst.«

»Schlag dir das aus dem Kopf. Das ist doch was völlig anderes.«

»Warum?«

»Männer beschützen Frauen. Es ist nicht recht, wenn eine Frau tötet.«

Toby Jane seufzte und verstummte. Papa und Irsh waren einer Meinung.

Doch sie brannte vor Zorn.

Will Carter stand stocksteif auf der Brücke und schaute zu, wie Toby Jane, Irsh und Dorothy die Bimmelbahn bestiegen.

Es is noch nich zu spät für mich, dachte er. *Ich nehm mir 'ne Frau und wir kriegen Kinder und ich seh zu, wie sie aufwachsen und mir ähnlich werden. Warum hab ich da bloß nich früher dran gedacht?*

Es war ihm egal gewesen, das war der Grund. Aber damit war es jetzt vorbei. Er ritt den Berg hinauf zu Amanda. Warum hatte sie nie ein Kind bekommen? Benutzte sie irgendein geheimnisvolles Kraut?

Er baute sich vor ihr auf und fragte sie: »Kannst du noch Kinder kriegen?«

Sie lachte und sagte: »Gütiger Himmel, nein, Will. Darüber brauchst du dir nich den Kopf zerbrechen.«

Er ging ins Schlafzimmer, packte seine Sachen und ging zur Haustür. Ihre weit aufgerissenen Augen nahm er kaum wahr. Er stieg den Berg hinab, auf der Suche nach einem neuen Leben.

Toby Jane hatte ausgeschlafen. Sie frühstückte alleine und nahm ihren Kaffee mit nach draußen. Mama war im Garten.

»Wo ist Papa?«

»Ihm geht's heute nicht gut. Er ist noch im Bett. Toby Jane, ich hab Gemüse geerntet.« Mama deutete auf einen Korb mit Kohlgemüse und großen Knoblauchbüscheln. »Kannst du das zu den Italienern bringen? Der Korb ist nicht schwer, bloß ein bisschen unförmig.«

»Ja, natürlich.«

Das war eine angenehme Aufgabe.

Sie lief in ihr Zimmer, zog ein paar alte Latzhosen an und setzte eine Sonnenhaube auf. Dann ging sie hinunter zu dem großen Schrank in der Diele, nahm Papas Pistole heraus und stopfte sie in die riesige Latztasche. Sie wollte sich an das Gefühl gewöhnen eine Pistole zu tragen.

Der Fußmarsch tat ihr gut nach der langen Woche in der Telefonzentrale. Sie lief am Fluss entlang nach Little Italy, wo die meisterhaften Steinmetze wohnten, die beim Bau des Postamtes beschäftigt waren. Der Korb ließ sich ohne große Mühe auf der Schulter tragen.

Die am Fluss üppig wachsenden Bäume und Büsche machten es ihr leicht zu ihrem Entschluss zu stehen, nie wieder Wills Teil des Berges anzusehen. Sie wusste, dass Wills Männer dort wie eine Armee von Ameisen langsam, aber machtvoll jedes lebende Wesen, das sich ihnen in den Weg stellte, zermalmten.

Toby Jane konnte ihren Zorn nur im Zaum halten, wenn sie Will aus dem Weg ging.

Das Gewicht der Pistole wirkte beruhigend.

Ständig musste sie an Will denken. Er hatte gegen die Regeln verstoßen, die seit Generationen galten. Er hatte sein Wort nicht gehalten. Noch wusste er nicht, dass Toby Jane gegen ihn zu Felde zog, und mit Sicherheit würde er lauthals lachen, wenn er davon erfuhr.

Sie folgte der Biegung des Flusses nach Norden. Helles Licht fiel plötzlich aufs Wasser, zwischen den Bäumen tat sich eine Lücke auf. Jemand hatte eine riesige Platane geschlagen und sie ins Wasser fallen lassen. Die Krone des sterbenden Baumes war in einem Haufen von Steinen und Schlamm begraben. Diese Art von Mord ereignete sich überall dort, wo Will Carter seinen Fuß hinsetzte. Toby Jane kannte es nicht anders.

Die Lücke bildete einen Rahmen, der den Blick auf die wunde Flanke der Schlucht freigab. Es sah aus wie ein hässliches Gemälde an der Wand eines Salons.

Schockiert starrte Toby Jane dorthin, bis sie sich an ihren Beschluss erinnerte es nicht zu tun.

Gott behüte, dass Papa jemals die Schlucht zu sehen bekommt, dachte sie. Das durfte nicht geschehen. Sie durfte nicht einmal die Tatsache erwähnen. Das Unrecht, dass ihm sein Cousin angetan hatte, war schlimm genug. Dieser Anblick würde ihn umbringen.

Will Carter, was du getan hast, ist wie eine Frau

schlagen, einen schwarzen Menschen beleidigen, meine Eltern berauben, einen Kranich töten. Du ermordest die Erde. Wenn du alle Bäume bis oben hin geschlagen hast, werden sich die gewaltigen Felsbrocken lösen und ins Tal rutschen. Und dann wirst du Menschen ermorden.

Du verdammtes Wühlschwein, du ruinierst unseren Garten!

Das Bild vor ihr ließ ihren Kopf schmerzen. Wieder brannte das Boudicca-Fieber in ihr.

Boudicca, dachte sie, *du würdest das nicht eine Minute dulden!*

In dem Augenblick fühlte sich Toby Jane ihrer Ahnin Boudicca, der Fürstin der Icener, näher verbunden als ihren lebenden Verwandten.

Ich bin eine Icenerin, dachte sie. *Papa behauptet, er wäre ein wiedergeborener Calvinist. Gut, dann bin ich die Wiedergeburt einer Keltin.*

Sie konnte es nicht länger ertragen. Jeder anständige Bergbewohner hätte Will längst zur Strecke gebracht.

Die winzige, verängstigte Mollie Hall hatte ein Gewehr genommen und sich von ihrem brutalen Mann befreit.

Irsh hatte zur Pistole greifen wollen, weil ein Mann ihre Ehre verletzt hatte.

Aber das alles war überhaupt nichts im Vergleich zu dem, was Will ihrer Familie angetan hatte, den Kumpeln in der Kohlegrube, dem Berg, den Kranichen und allem, was er je berührt hatte. Vielleicht sogar Amanda.

Heute war es so weit. Die Pistole hing schwer an ihrem Körper.

Sie brachte das Gemüse zu den Italienern, bedankte sich für das Geld, das klimpernd gegen die Pistole in der Tasche fiel. Dann machte sie sich auf zur Schlucht. Sie brauchte Will nicht zu suchen. Wenn er dort war, würde er sofort zu ihr kommen. Das hatte er immer getan.

Und da war er schon, überquerte auf seinem Pferd das grausig baumlose Gelände vor ihr, als hätte sie ihn gerufen.

Die eisige Wut war aus seinem Gesicht verschwunden, sein Blick war berechnend. Als wollte er ein Geschäft abschließen.

Er hat was ausgeheckt.

»Hallo, Toby Jane. Gut, dass ich dich treffe, ich will nämlich was mit deiner Familie bereden.«

Als sie ihn anschaute und die Narbe über seinem Auge sah, zuckte sie gegen ihren Willen kurz zusammen.

»Ich finde, ihr könnt mir ruhig das Holz auf euerm Land verkaufen, ich zahl euch mehr als jeder andre bieten kann!«

Toby Jane hörte nicht mehr hin. Ihre Hand fuhr in die Tasche.

Jetzt. Vernichte dieses Wühlschwein, bevor es noch mehr Unheil anrichten kann.

Sie hielt die Pistole in der Hand, ließ sie aber in der Tasche.

Schieß auf seinen Körper. Dann, wenn er fällt, schieß ihn in den Kopf.

Ein lautes Summen in ihrem Ohr übertönte Wills Gerede. Ihr Herz hämmerte gegen ihr Brustbein.

Nimm die Pistole raus. Zielen. Schießen. Kinderleicht ist das.

Prüfe dein Leben, hörte sie Papa sagen.

Sie war feige! Was war los? Boudicca hätte nicht gezögert.

Prüfe dein Leben. Wenn sie schoss, was würde sie damit Mama antun, Papa, Irsh, sich selbst?

Plötzlich sah sie die Augen ihres Vaters, nicht die Boudiccas vor sich. Die Augen ihres Vaters. Sie konnte es nicht tun.

Was ist los mit mir? Die ganze Zeit habe ich überlegt, ob ich es tun soll. Dabei hätte ich mich fragen müssen, ob ich es überhaupt kann.

Sie drehte sich um und lief den Pfad bergab. Die Wut saß ihr im Nacken und summte in ihrem Ohr.

»Lasst es euch durch den Kopf gehen!«, rief Will ihr hinterher.

Sie wandte sich um: »Du hast ja keine Ahnung, wie dicht dran du warst!«

»An was denn?«

»Am Tod. Dass dein Kopf vor dir auf die Erde rollt. Dass berittene Soldaten über deinen Schädel trampeln.«

Will lachte laut.

»Überlegt es euch!«

»Jetzt nicht. Ich muss ein Wühlschwein aus diesen Bergen vertreiben.«

Sie brachte Papas Pistole nach Hause. Niemand sah, wie sie sie zurück in den Schrank legte.

Dann lief sie zu ihrem Vater. In ihrem Kopf summte und brummte es immer noch. Ihr Vater sah so krank aus, wie er da im Bett lag. Noch immer hatte er keine Genugtuung erfahren für das Unrecht, das Will ihm angetan hatte.

Papa schlug plötzlich die Augen auf.

»Da ist ja meine kleine Tochter!«

»Hallo, Papa!«

Sie beugte sich vor und gab ihm einen Kuss.

»Was hast du vor?«

»Ach, nichts weiter. Ich geh auf den Berg und pflück ein bisschen Blattgemüse.«

Er blickte sie prüfend an. »Und weiter nichts?«

»Na, vielleicht ein paar Kräuter sammeln, ein bisschen Ginseng. Was ich so finde.«

Papas einst so heitere blaue Augen blickten verbittert drein. Toby Jane schwor sich dafür zu sorgen, dass dieser Ausdruck aus seinem Gesicht verschwand; sonst müsste sie ihren Vater für immer so im Gedächtnis behalten.

Obwohl es ihr schwer fiel, wandte sie sich von ihm ab. Papa würde versuchen sie davon abzubringen, wenn er wüsste, was sie vorhatte. Sie ließ ihn allein ohne sich umzublicken.

Und wenn dieses gefährliche Dynamit mich umbringt?

Ihre Mutter arbeitete immer noch gebückt im Garten, das Gesicht durch eine Haube vor der Sonne geschützt.

»Was ist los mit Papa?«, rief Toby Jane ihr zu.

»Neil hat ihn vorhin in seinem Rollstuhl den Weg entlanggeschoben, so dass er die Schlucht sehen konnte.«

»Oje.«

»Das macht ihn krank.«

Dass wir es beide am selben Tag sehen mussten. Ich sollte ihm noch einen Kuss geben.

»Neil wusste nicht, was er tut«, sagte ihr Mutter. »Wo willst du hin?«

»Ich geh auf den Berg und pflück uns ein bisschen Blattgemüse.«

Ihre Mutter warf ihr einen skeptischen Blick zu. Um diese Jahreszeit war das Blattgemüse, das am Berg wuchs, gallebitter. Aber sie sagte nichts.

Toby Jane ließ sich von ihrer Wut antreiben. Das gab ihr Kraft.

Die Dynamitstangen waren im Schuppen. Unversehens fiel ihr die gewaltige Explosion wieder ein und die Hosen über der Telefonleitung.

Sie legte die Stangen neben sich auf den Boden, wischte sich die plötzlich schweißnassen Hände trocken.

Sechs Stangen würden reichen. Sie nahm aber noch einmal sechs mit, falls es beim ersten Versuch nicht klappte. Alle paar Sekunden blickte sie hinaus um sicherzugehen, dass ihre Mutter nicht kam.

Sie packte alles, was sie brauchte, in einen Futtersack.

Staunend registrierte sie die kühle Sachlichkeit,

mit der sie zu Werke ging. Eiskalte Wut hatte sie gepackt und doch bewegte sie sich nicht anders, als wollte sie wirklich nur Blattgemüse pflücken gehen. Mit schnellen, anmutigen Schritten durchquerte sie das Tal bis zu den Hügeln und dem Berg dahinter.

Nicht einen Moment wandte sie den Blick vom Pfad. Das kleinste Stolpern konnte eine Explosion auslösen.

Von hier sah der Berg noch schlimmer aus. Nun konnte sie das ganze Ausmaß der Zerstörung erkennen. Alle Bäume bis zur Grenze des durhamschen Landes waren gefällt, einige von Wills toten Bäumen lehnten an Bäumen der Durhams.

Toby Janes Wut wuchs, ihre Schritte wurden schneller, bis sie schließlich rannte. Sie blieb stehen und sofort durchzuckte sie die Angst, der plötzliche Halt könnte das Dynamit zur Zündung bringen. Wenn sie nun in der Luft zerrissen würde, dass nur noch ihre Schlüpfer an einem Ast hängen blieben? Sie konzentrierte sich wieder auf ihre ursprünglich zügige, aber vorsichtige Gangart.

Noch nie im Leben hatte sie Dynamit benutzt, obwohl sie schon oft zugesehen hatte, wie Papa und Josh einen Baumstumpf oder einen Felsbrocken weggesprengt hatten, wenn sie ein neues Hirsefeld anlegten. Dynamit war ein Mittel zum Zweck, weiter nichts, wie eine große Spitzhacke, ein Werkzeug, mit dem man etwas aus der Erde und aus dem Weg schaffen konnte.

Man musste vorsichtig damit umgehen. (Von

dem Mann war so wenig übrig geblieben, dass der Sarg, den sie in die Kirche getragen hatten, so gut wie leer gewesen war.)

Sie nahm an, dass sie alles hatte, was sie brauchte: die Dynamitstangen – noch wie neu in braunes Wachspapier gehüllt –, die Zündhütchen, die Schnur zum Befestigen der Zünder, eine Rolle Lunte – hundert, vielleicht sogar zweihundert Fuß –, Zeitungspapier, in das feuchte Erde gerollt wurde um damit dem Bündel der Stangen Halt zu geben, Streichhölzer, Mamas Gartenschaufel.

Lieber Gott, lass mich bloß nicht die Schaufel verlieren. Ohne die kann Mama ihren Gewürzgarten nicht beackern.

Du musst das Loch gut verschließen, hatte Papa zu Joshua gesagt.

Und es war die Rede von einem Kontaktstift gewesen, aber sie wusste nicht mehr, was das zu bedeuten hatte. Ach ja. Wenn man eine ganze Felswand sprengen wollte, konnte man über einen Kontaktstift zehn Stangen mit Lunte und Zünder verbinden.

Papa und Josh genossen die Macht, die das Dynamit ihnen gab, obwohl sie niemals eine ganze Felswand sprengen mussten. Papa hatte auf die Kiste mit dem Sprengstoff sorgfältig einen Totenkopf gemalt, der auch auf allen Medikamentenfläschchen im Haus prangte. Denn das war alles gefährlich.

Auch ohne diese Warnung war sie ängstlich genug, aber die Angst war nicht stärker als ihr Bedürfnis nach Rache.

Sie würde das tun, was sie schon im letzten Jahr hätte tun sollen, bevor Will alles Leben auf dem Berg hatte vernichten können.

Sie durchquerte den durhamschen Wald. Schließlich setzte sie sich und schaute hinunter in ihr geliebtes Tal. Würde das, was sie vorhatte, dem Tal schaden? Sie glaubte es nicht, machte sich aber trotzdem Sorgen. Jetzt war ihre Stunde gekommen. Sie war eine Rebellin, eine Boudicca. Sie würde es tun.

Will hatte ihr Land gestohlen. Er hatte die Männer in der Grube sterben lassen. Er hatte die Schlucht zu Tode gerodet. Eben löste sich auf seinem Land ein großer Brocken und rollte bergab.

Boudicca gab ihr Leben für die Gerechtigkeit und das werde ich auch tun, wenn es sein muss.

Wie lange würde der Berg brauchen, bis er sich erholte? So lange, wie sie lebte? So lange, wie ihre Kinder lebten?

Diese steinübersäten Erdhänge waren einst ein bewaldeter Berg gewesen.

Es war verführerisch einfach hier sitzen zu bleiben und zu träumen. Sie riss sich zusammen und stand auf, wollte es hinter sich bringen.

Einmal rutschte sie auf felsigem Grund aus. Fing sich. Wartete, bis ihr Herzschlag sich wieder beruhigte.

Endlich war sie oben. Hier flüsterten Tausende von Bäumen im Wind. Sie nickte ihnen zu, überquerte die Kuppe und stieg den Hohlweg hinunter, der zum Fluss führte.

Von oben hielt sie nach dem flachen Stein Ausschau, von dem Papa und sie Stöcke in den Höhlenstrudel geworfen hatten. Das war vor einem Jahr gewesen. Sie hätte den Felsen von hier aus sehen müssen. Das war zwar nicht der Fall, aber sie stieg trotzdem weiter bergab, traute ihrem Ortssinn. Der Weg war bestimmt richtig.

Plötzlich stand sie direkt davor. Sie blickte sich sorgfältig um, wollte ganz sichergehen. Nahm vorsichtig einen kleinen Anlauf und sprang hinüber auf den Stein, blickte in alle Richtungen, ob irgendwo noch jemand durch den Wald stromerte und sie entdecken könnte. Nein. Der Wald gehörte ihr; auch der Berg, der Fluss, die Höhle. Wie schön es war. Bis hierhin war Will noch nicht vorgedrungen. Diesen Wald würde sie retten.

Sie warf ein paar Zweige, die sie zuvor aufgesammelt hatte, ins Wasser und die Höhle schluckte sie gehorsam.

Jetzt brauchte sie Papas kühlen Kopf. Sie hatte gesehen, wie er Baumstümpfe mit einer Sprengladung genau dorthin befördert hatte, wo er sie haben wollte, ebenso wie er auch die Fallrichtung eines Baumes genau bestimmen konnte, den er schlug. Er brauchte nie auf die übliche Ausrede zurückzugreifen: *Oje, das war ein Versehen.*

Andererseits hatte einmal ein Trottel für ihren Vater einen Stumpf so gesprengt, dass er direkt vor ihrem Haus landete. Es hatte eine ganze Weile gedauert, bis Mama mit ihrer Schimpfkanonade fertig gewesen war.

Der Stein, auf dem Toby Jane saß, stammte von dem Felshang gegenüber. Er hatte vor wer weiß wie vielen Jahren den Weg des Wassers in die Höhle versperrt. Toby Jane wollte den Zugang wieder öffnen.

Aber was würde den Fluss davon abhalten, auf der anderen Seite noch immer dem alten Bett zu folgen, so dass Will Carter sein Wasser weiterhin benutzen konnte? Sie betrachtete den zerklüfteten Felshang gegenüber, der hoch hinaufragte. Über die Kante hingen Büsche und Blumen.

Sie musste noch einen Brocken aus dieser Wand in den Fluss befördern. Damit sich das Wasser auf der anderen Seite staute und gezwungen war auf dieser Seite in die Höhle abzufließen.

Und die Büsche töten? Sie war auch nicht besser als Will, der alles zerstörte, was ihm im Weg war. Sie überlegte, fuhr sich immer wieder mit der Hand durchs Gesicht. *Wie Mollie Hall! Ich hab Angst wie Mollie.* Sie runzelte die Stirn. *War Boudicca auch so zart besaitet?*

»Boudicca«, sagte sie. Das Wort war eine Aufforderung.

Aber Boudicca erschien ihr nicht. Trotzdem wusste Toby Jane, dass sie die Städte Camulodunum und Londinium zerstört hatte. Am Ende war Boudicca gestellt worden und hatte sich das Leben genommen.

Sie hörte Boudicca leise singen: *Heilig ist mein Schwert.*

Und auch mein Schwert ist heilig, Boudicca.

Toby Jane nahm ihre Stoffhaube ab. Der Wind bauschte ihr Haar auf, so dass es wild um ihren Kopf stand.

Boudicca war gigantisch. Wer dagegen war schon Toby Jane, dass sie sich derart rächen wollte?

Aber so übel bin ich doch gar nicht. Ich habe das Rennen gegen Amanda gewonnen, dabei hätte nicht eine Seele dieser Stadt auf mich gesetzt.

Toby Jane saß immer noch auf dem Stein mitten im Fluss. »Ich hätte Will töten sollen«, sagte sie. »Dieses Mal gilt es. Ich werde mich nicht an die Spielregeln halten. Ich werde es tun.«

Sie trug den Sprengstoff über den Fluss bis hinauf zum Felshang. Kletterte schwitzend, zitterte, schnaufte, hangelte sich langsam voran, versuchte sich an alles zu erinnern, was Papa über Dynamit gesagt hatte. Sie befestigte Zünder und Lunte an den Dynamitstangen, wickelte Erde in das Zeitungspapier, stabilisierte damit das Bündel, vergrub den Sprengstoff, führte die Lunte so hoch wie möglich über den Fluss auf die andere Seite und wickelte sie um einen Ast.

Hastig atmend bereitete sie die Sprengladung für den Felsen vor, der den Höhleneingang versperrte. Sie ließ die Dynamitstangen in die lange Spalte rutschen, führte die zweite Lunte nach oben, stieg wieder hinab um das Loch mit Erde zu verstopfen. Jetzt führte sie vorsichtig beide Lunten in den Wald hinein, den Berghang hoch, so weit sie reichten.

Vielleicht klappt es nicht.

Sie hatte alles Material verwendet. Konnte nicht mehr zurück. Als Erstes musste der Felsen vom Hang runterkommen um den Fluss Richtung Höhle zu lenken.

Vielleicht klappt es nicht.

»Frau, bring es zu Ende«, sagte sie laut zu sich.

Immer noch zögerte sie. Wie alt mochte das Dynamit sein? Konnte es die Wirkung verloren haben?

Und war sie noch zu nah dran? Sie musste weit, weit weg sein, wenn die beiden Ladungen explodierten. Der ganze Berg könnte ins Rutschen kommen und sie mitreißen.

Also gut. Zünde die Lunten an und dann nichts wie weg. TU ES!

Sie hielt die Streichhölzer in der Hand. Ihre Hände zitterten. Plötzlich hatte sie das Bild von Will Carter vor Augen, wie er sie angrinste und »Tritt hervor, hier steht dein Liebster« sang. In seinem Gesicht fehlte eine Augenbraue.

»Will, mein werter Cousin, du hast Papa betrogen, du hast uns alle betrogen.«

Sie stand auf. *Boudicca, heilig ist mein Schwert.*

Drei Katzendrosseln zwitscherten empört an drei verschiedenen Stellen.

Toby Jane strich ein Zündholz an und hielt die Flamme an die erste Lunte. Sie wartete einen zittrigen Atemzug lang und zündete die zweite. Rannte den Berg hinauf, nach Osten, heimwärts. Sie versuchte auf den Weg zu achten, aber dennoch schlug ihr der Zweig eines Papawbaums ins Gesicht, stolperte sie über eine Ranke. Beim Fallen schürfte sie sich die Ellbogen auf. Sie rappelte sich auf und rannte weiter.

Sie blieb stehen. Es hätte längst krachen müssen. Was hatte sie falsch gemacht? Sie ließ im Geiste noch einmal Schritt für Schritt Revue passieren. Setzte sich zitternd in den grüngoldenen Wald.

Steh auf. Geh zurück und sieh nach.

BUUUUMMM! Und kurz darauf wie ein Echo: UUUUM!

Beide Ladungen! Beide hatten gezündet!

Sie rannte zurück um zum Fluss hinunterzuschauen. Durch ein großes dunkles Loch verschwand er tosend im Berg, im alten Bett blieben nur nasse Steine und Pfützen zurück. Ein großer Fisch schnellte hoch und glitzerte kurz in der Sonne, bevor ihn die Höhle verschlang.

Sie hörte ein dumpfes Grollen, spürte, wie der Boden wackelte. Ein kurzes Zittern. Sie blinzelte einmal. Es war vorbei.

Die Katzendrosseln schwiegen.

Die Erde bewegte sich nicht mehr.

Die Katzendrosseln zwitscherten wieder empört.

Oh, wie schön! Wie schön!, dachte sie. »He, he, he, du guter Fluss!«, schrie sie.

Idiotin! Mach, dass du weg kommst. Lass dich hier nicht erwischen.

Den Berg hoch, immer höher und über die Kuppe. *Was wird am Rising Spring sein? Habe ich den Fluss zerstört?*

Es dauerte ewig.

Schließlich, auf der anderen Seite, sah sie das weiß schäumende, in der Sonne blitzende Wasser, es schoss aus dem Berg und stürzte hinunter auf das Land der Durhams, strömte in den Rising Spring, nahm wieder seinen alten Lauf.

Toby Jane kletterte auf einen großen Felsen um auf Wills Seite des Berges zu schauen. Doch plötzlich bekam sie es mit der Angst zu tun. Sie setzte sich mit dem Gesicht zu Wallen's Ridge, der sich mit ihr auf einer Höhe befand. Eine riesige Woge hatte Vater in dem Berg gesehen.

Im Osten, am Ende des Tales, schienen der Stone Mountain und der Powell Mountain zusammenzustoßen. *Diese Berge,* dachte sie. *Ahornbäume und Buchen, Kupferkopfschlangen und Kornnattern, süß duftende Gewürzsträucher und Ginseng, Milzkraut und Pilze, Höhlen und Pumas. So gewaltig. Ich liebe diese Berge.*

Schau hinab.

Sie gehorchte der Stimme in ihrem Kopf.

Unglaublich. Der Powell, der durch die Schlucht nach Laurel Gap hineingetost war, war nur noch ein Rinnsal.

Auf Wills Anwesen rannten die Männer von einer Mühle zur anderen. Von hier oben sahen sie aus wie Kinder, die Theater spielten und ihre kleinen Ärmchen erstaunt in die Luft warfen. Einige standen im Flussbett, schauten zur Schlucht und warteten darauf, dass der Fluss zurückkäme.

Ein bisschen abseits saß Will auf einem Felsen und barg den Kopf in seinen Händen. Seine

Mühlen waren nutzlos. Will hatte keinen Fluss mehr. Will Carter war aus dem Geschäft.

Toby Jane ließ besorgt ihre Augen über das Tal wandern um festzustellen, ob sie Schaden angerichtet hatte. Nichts zu sehen. Papa hatte die Sache richtig eingeschätzt.

Langsam ging sie nach Hause, tat so, als wäre alles wie sonst. Sie würde darauf warten, dass ihr jemand erzählte, was geschehen war. *Der Fluss hat seinen Lauf geändert? Das kann doch nicht sein!*, würde sie sagen. Sie stromerte herum, pflückte Blattgemüse, das alt und bitter, ungenießbar war, und stopfte es in ihren Sack. Ewig könnte sie sammelnd durch diese Berge laufen und nie müde werden. Das war eine friedfertige Tätigkeit, die einer Frau gut anstand. Toby Jane war wieder eine Durham, keine Boudicca mehr; und doch war Boudicca für sie eine Großmutter aus ewig vergangenen Zeiten. Toby Jane war stärker geworden, seit sie von dieser uralten rothaarigen Frau erfahren hatte. Sie würde ihren Töchtern beibringen stark zu sein.

Nicht ein Mal kam ihr der Gedanke, sie könnte etwas Unrechtes getan haben.

Zu Hause angekommen lief sie sofort zu Papa und flüsterte ihm ins Ohr, dass Will keine Wasserkraft mehr habe. Der Fluss habe seinen Lauf verändert.

Er verstand sofort. Mit wildem, sorgenvollem Blick sagte er: »Ich wusste es. Ich wusste, wo du warst.«

»Mir geht's gut«, sagte sie. »Dem Fluss auch.«

Papas Augen lächelten. Der bittere Ausdruck war verschwunden.

Und dann fingen die beiden an zu kichern wie kleine Kinder, die ein schreckliches und köstliches Geheimnis hatten. Er setzte sich auf und sie hielten sich in den Armen, schaukelten hin und her und lachten.

Toby Jane und Irsh gingen zu Will und kauften seine Mühlen auf Kredit, spottbillig, denn Will konnte nichts mehr mit ihnen anfangen.

Er wollte den Kauf mit einem Handschlag besiegeln. Aber sie ließen ihn einen schriftlichen Vertrag unterzeichnen.

Neil Morris war Zeuge. Er hatte ihnen die Anzahlung geliehen, die Will band. Neil Morris versetzte die Mühlen auf das Land der Durhams am Rising Spring, den die Leute nun meistens Rising River nannten.

Die Abmachungen mit Neil tätigten sie auf die alte Art – per Handschlag.

Toby Jane fühlte sich entspannt, war glücklich. Inzwischen war sie offiziell mit Irsh verlobt. Irsh leitete den Betrieb der Mühlen. Er stellte Wills Arbeiter ein und beteiligte sie am Gewinn.

Toby Jane hatte sich vorgenommen, den Wald der Durhams zu schützen, in dem Irsh und sie nun Holz schlagen wollten.

Sie sprach stundenlang mit ihrem Vater.

Wie konnten sie Bäume fällen ohne den ganzen Wald zu zerstören?

»Bringt sie im Zickzack runter. Und dann bepflanzt die Hänge von neuem.«

»Neu bepflanzen? Das hab ich ja noch nie gehört!«

Aber sie wusste, dass er Recht hatte.

Wie konnten sie die Arbeiter davon abhalten, den Wald vollkommen kahl zu schlagen, wie Wills Männer das getan hatten?

»Jemand muss jeden Abschnitt genau untersuchen, jeden einzelnen Baum, und dann entscheiden, ob er gefällt wird oder nicht.«

»Meine Güte, Papa! Das ist ja eine gewaltige Aufgabe. Wo im Himmel würden wir jemanden finden, der das kann?«

Papa lächelte. »Ich kann das nicht mehr tun«, sagte er. »Aber wenn mir jemand auf den Berg hilft, könnte ich diesem Menschen beibringen, welcher Baum welcher ist.«

Ich muss mich beeilen, dachte sie. *Mama hat Recht. Papa wird immer kränker. Wie lange wird er noch bei uns bleiben?*

»Aber wer könnte das sein, Papa?«

Immer noch lächelnd sagte Papa: »Irsh nicht. Der hat mit den Mühlen genug zu tun.«

»Papa! Du meinst doch nicht etwa mich?«

Er grinste. »Warum nicht? Wer wäre besser dafür geeignet? Ich kann dir alles beibringen, was du wissen musst: woran du Möbelholz, Bauholz, Feuerholz erkennst. Wer liebt die Bäume schon so wie du?«

»Niemand!«

Plötzlich wurde ihr klar, dass sie ihre Lebensaufgabe gefunden hatte.

Ihr Zorn auf Will war verraucht. Wenn sie ihn jetzt sah, mit der fehlenden Augenbraue, konnte sie sich nicht mehr daran erinnern, was an seinem Gesicht so hübsch gewesen war. Er sah schlaff aus, gierig – nicht wie ein Sünder, sondern wie einer, der sich aufs Klauben und Raffen verstand.

Auch Toby Janes Bild von Boudicca veränderte sich. Boudicca war nur noch eine entfernte, traute Verwandte, die furchtbar gelitten hatte. Toby Jane las noch einmal von Boudiccas letzter Schlacht in der zerklüfteten Wildnis. Die Römer kämpften in geschlossener Formation, beschützt von einem Wald von Schilden. Eine eiserne Kriegsmaschine, gegen die die Kelten nichts ausrichten konnten. Die langen keltischen Schwerter waren im Nahkampf wertlos.

Die Römer töteten die Icener. Boudicca schaute von oben zu, wie ihre Welt starb. Mit einem römischen Schwert, das sie im Hof ihrer eigenen Festung erobert hatte, gab sie sich einen schnellen Todesstoß.

Toby Jane schlug das Buch von Tacitus zu und löste sich vom Zauber der Boudicca. Was blieb, war Trauer.

Als Toby Jane eines Tages in die Bimmelbahn stieg, verkündete ihr Queenie Burn: »Gott hat den Lauf des Flusses verlegt, weil er damit was bezwecken wollte.«

»Ach ja? Und was?«

»Er hat Will bestraft, weil er mit Amanda in Sünde gelebt hat.«

»Ach so.«

»Ja. Und Will Carter zieht jetzt nach Westen, in ein paar Tagen.«

»So? Hat Will das gesagt?«

»Das brauch er gar nich. Aber er wettert gegen die Rückholbewegung.«

Toby Jane verschwendete keinen Gedanken darauf. Ihr war egal, was Will tat.

Es waren die letzten Fahrten mit der Bimmelbahn, traurige Fahrten. Es gab kaum noch Passagiere; aus dem Zug aus Bristol stieg nur ein Handlungsreisender zu. Toby Jane hatte das Gefühl, sie müsste die Bimmelbahn verteidigen, so tun, als wäre sie immer noch erfolgreich, aber das hätte keinen Sinn gehabt. Es war nicht recht die kleine Bahnlinie langsam eingehen zu lassen.

Eines Tages fiel ihr plötzlich auf, dass sie schon den ganzen Tag lang die Bimmelbahn nicht einmal tuten gehört hatte, und da wusste sie, es war vorbei. Der kleine Zug würde ihr das ganze Leben lang fehlen.

Der Fluss floss den Berg entlang durch das Tal wie immer, toste aber nun nicht mehr um den Ausläufer des Stone Mountain. Wenn die Sonne schien, glitzerte ein Regenbogen über dem Rising River.

Irsh und Toby Jane arbeiteten auf dem Berg und an den Mühlen und leiteten Wills frühere Angestellte an. Damit verdienten sie genug zum Leben. Eines Morgens stand Toby Jane auf der Veranda der Weizenmühle und sah zum Himmel.

»Schau doch mal! Kraniche!«, rief sie Irsh zu. Hoch über dem brausenden Wasserfall flog ein riesiger weißer Vogel. Zwei andere folgten bedächtig, vertrauensvoll, ohne Hast.

Noch nie hatte der Fluss schöner ausgesehen.

Im alten Flussbett zwitscherten Kinder aufgeregt wie kleine Vögelchen und suchten im trockenen Schlamm nach Schätzen.

Toby Jane ging nach Hause und Irsh musste zurück in sein Hotel. Seufzend blickte sie ihm nach. Es waren immer noch Monate bis zu ihrer Hochzeit.

Ihr Vater schlief.

»Papa, auf unserem Land nisten Kraniche. Wir haben drei Kraniche beim Rising Spring gesehen. Hörst du mich?«

Mama sagte: »Stör ihn nicht.«

Warum nicht? Was hat er? Stirbt er?

»Ich muss es ihm sagen, Mama. Hast du's gehört, Papa, das mit den Kranichen?«

Seine Augen schlugen auf, blinzelten einmal und füllten sich plötzlich mit Tränen.

Sie hatte ihn beim Träumen gestört.

Verzweifelt dachte sie: *Ich muss noch so viel wie möglich von ihm lernen. Wer sonst kann mir Rat geben? Wer mich Geschichte lehren, Landwirtschaft, Astronomie? Wer sonst kann mein Vater sein?*

Sie bemühte sich ihren hastigen Atem unter Kontrolle zu bekommen.

»Papa, sollen Irsh und ich Wills Teil vom Berg kaufen? Jetzt wäre der richtige Zeitpunkt, wenn überhaupt.«

Ihr Vater wischte sich verärgert die Tränen aus dem Gesicht und nickte.

»Aber was sollen wir mit dem Land anfangen?«, fuhr sie fort. »Er hat es vollkommen ruiniert. Das wird doch nicht wieder, oder?«

»Doch«, sagte er mit einem Kopfnicken. »Überlass das Land sich selbst. Dann werden deine Enkelkinder dort genauso schöne Bäume vorfinden wie auf unserem Land.«

Papa hatte immer noch Tränen in den Augen. Sie überlegte, was der Grund dafür sein könnte.

»Warum weinst du?«

Keine Antwort.

»Wegen mir?«

»Nein.«

»Wegen Mama?«

»Nein.«

»Wegen dem Berg?«

»Nein.«

Schließlich fand sie die richtige Frage. »Wegen den Kranichen?«

»Ja.«

Sie wusste, wie ihm zu Mute war.

Es wäre ein Segen, wenn Will fortginge. Sie würde hart verhandeln um sein Land zu bekommen, würde ihm nicht viel bezahlen. Wer sonst würde das wertlose Land am Stone Mountain kaufen wollen?

Soll er doch nach Westen gehen. Sollen doch alle, die wollen, weiterziehen. Auch Toby Jane hatte Lust auf Freiheit und Abenteuer, aber dies war der Ort, den sie liebte. Sie brauchte sich der Karawane nicht anzuschließen. Sie hatte ein Zuhause.

Um Laurel Gap wurde es ruhiger. Die Stadt entwickelte sich zum Verwaltungszentrum für die Kohlebergwerke außerhalb des Tales. Die meisten Bewohner des Hügels hatten ihre Gewinne eingesteckt und sich davongemacht. In ihre Häuser zogen gewöhnliche Leute, Büroangestellte, Ärzte, Geschäftsbesitzer, die sich nicht zu Höherem berufen fühlten.

Endlich war die Antwort auf die alte bange Frage gefunden: Die kleine Stadt würde überleben. Die Siedlung hatte Bestand.

Will Carter hatte sein inzwischen wertloses Grundstück am Ende des Stone Mountain für eine geringe Summe an Irsh Loghlan und Toby Jane Durham verkauft. Doch von Zeit zu Zeit begab er sich dorthin um herauszufinden, wieso er plötzlich die wichtigste Voraussetzung für sein Einkommen verlieren konnte, die Wassserkraft für seine Mühlen. Es war unglaublich. Er blickte den Berg an, sah nichts von Wert, abgesehen von den Bäumen ganz oben. Hier unten krochen Brombeeren und verschiedenste Ranken in einem schlangenartigen Gewirr in alle Richtungen. Gelegentlich gab es noch einen kleinen Baum, der stehen geblieben war. Wirklich nichts von Wert.

Zu spät hatte Will begriffen, was die Leute von den Bergwerksgesellschaften längst wussten: Man brauchte gar nicht das Land zu kaufen, sondern nur das Recht auf die Verwertung des Holzes und der Mineralien. Das verdammte Land nützte einem gar nichts mehr, wenn die Kohle und die Bäume weg waren.

Will überlegte, was er tun sollte. Er fühlte sich überflüssig und einsam. Inzwischen war er mit einigen Frauen ausgegangen, aber das hatte nichts gebracht. Sie waren zu nervös, zu angespannt. In dieser Stadt gab es keine anständige Frau, um die man werben konnte! Was sollte er machen? Nach Los Tanos gehen?

Nein. Noch nicht. Man soll keine vorschnellen Entscheidungen treffen, wenn man am Boden liegt.

Wie damals mit Amanda. Ich sollte zu ihr gehen.

Er musste sich damit abfinden. Laurel Gap war eine Bürostadt geworden, in der die Bergwerke jenseits des Stone Mountain verwaltet wurden. Es war Zeit weiterzuziehen. Hier würde er keine Reichtümer mehr verdienen.

Das wahre Maß für das wirtschaftliche Klima war die Zahl der Fahrten der Bimmelbahn. Will hatte das genau im Auge behalten. Man brauchte bloß mitten in der Stadt zu sitzen und zu zählen, wie oft die Bimmelbahn fuhr, dann wusste man, ob die Zeiten gut oder schlecht waren. Die Gesellschaft, die den kleinen Zug betrieb, war Pleite gegangen. Jemand hatte sich eingekauft und versuchte die Bahn weiter zu betreiben, aber sie war am Ende.

Will strich alleine durch die Stadt. Schaute sich um und hörte zu. Ließ wissen, dass er eine neue Frau suchte. Lernte ein oder zwei Schönheiten kennen und nahm sie ein paar Mal mit zu sich. Das befriedigte ihn nicht. Er hätte bei Amanda bleiben sollen.

An einem frostigen Herbstabend traf Will Toby Jane in der Post. Zu seiner Überraschung kam sie auf ihn zu. Sie blickte sich um, als wolle sie mit ihm alleine sein. Niemand in der Nähe.

Na so was!, dachte er plötzlich erregt. *Sie wird mir sagen wollen, dass das nicht klappt mit ihrer Verlobung! Tja, meine Liebe, da wirst du aber ganz schön betteln müssen!*

»Will, weißt du, warum der Fluss neuerdings durch die Höhle fließt?«

Sie is zu schüchtern um gleich zur Sache zu kommen.

»Ja.«

»Ich war das. Ich habe das Loch gesprengt, mit Dynamit. Ich war das!«

Er starrte sie einen kurzen Augenblick an, bevor er lauthals lachte.

»Das glaubst du doch selber nicht! Dann bin ich Theodore Roosevelt!«

»Ich hab's getan, Will. Ich hab dir den Fluss gestohlen!«

Ihr Gesicht war vollkommen ruhig und ehrlich. Sie meinte es ernst. Sie hatte ihm das angetan!

Hitze stieg ihm ins Gesicht und sein Herz raste. Im Kopf klopfte das Blut. Einen schrecklichen Augenblick lang fürchtete er, er würde anfangen zu heulen.

»Dann solltest du dir ’nen guten Anwalt besorgen. Ich bring dich vor Gericht.«

»Was hast du denn davon? Will, du hast Glück, dass das alles war. Ich hatte überlegt dir mit einem Schwert den Kopf abzuschlagen und in den Fluss rollen zu lassen.«

Er starrte sie entgeistert an.

»Außerdem«, sagte sie, »was hab ich denn Verbotenes getan? Ich hab einen Felsen im Fluss gesprengt, auf unserm Land. Genau wie all die Felsen, die du in die Luft gejagt hast. Geh und erzähl’s den Leuten! Ich werde es noch nicht mal leugnen. Alle werden sich dran erinnern, wie du mich die ganzen Jahre über belästigt hast, und sie werden sich kranklachen.«

Sie warf einen Blick auf die Briefe in ihrer Hand und ging hinaus.

Will riss wütend die Post aus seinem Kasten, knallte die Klappe zu und stapfte zum Ausgang.

Er wandte sich nicht um. Der Zorn köchelte leise in ihm, während er in sein Hotelzimmer ging, und einmal flossen ihm sogar Tränen die Wangen hinunter. Er brauchte jemanden, der ihn mochte. Aaron. Oder Amanda.

Mit Laurel Gap war Schluss. Was hielt ihn hier? Höchstens Aaron.

Und Amanda.

Ja, dachte er, *keine andere Frau hat mich befriedigt wie sie.*

Am Abend packte er seinen Koffer und ritt den Berg hinauf. In ihm wogten zärtlichere Gefühle, als er je für eine Person empfunden hatte, und er beschloss Amanda von nun an gut zu behandeln. *Wegen mir brauch sie nie wieder unglücklich sein. Wir müssen ja nich unbedingt Kinder haben. Die Farm in Los Tanos kann unser Kind sein.*

Als er sich Amandas Haus näherte, hörte er ihr Pferd wiehern und sein eigenes Pferd lief schneller. Noch ein Wiehern. Nein. Gelächter! Hatte sie den Verstand verloren, so allein hier oben?

Er sah, dass Licht war im Haus, die Fenster hatten keine Vorhänge. »Wozu?«, pflegte Amanda zu sagen. »Wer kann mich hier oben schon sehen?«

Jetzt hörte er Musik, einen Walzer. Argwohn kroch in ihm hoch. Und da sah er sie: Amanda und ein Mann tanzten Walzer zu den Klängen einer Victrola-Schallplatte, die Will ihr geschenkt hatte, und die beiden tanzten so, wie Will es Amanda beigebracht hatte: splitterfasernackt. Er erkannte den Mann, ein Handlungsreisender aus dem östlichen Virginia, ein gut aussehender Kerl, jung, muskulös. Amanda strahlte ihn an, lachte und scherzte.

Das hab ich ihr beigebracht! Das darf sie nur mit mir machen! Bei Gott, ich sollte die Frau töten, und ihn dazu!

Aber er hatte kein Gewehr.

Er ritt bergab. Als er beim Hotel angekommen war, hatte er Amanda vergeben. Schließlich hatte sie nur von ihm gelernt.

Sie nahm sich, was immer sie wollte.

Am frühen Morgen ging er zu Aaron und Lois und sagte, er sei auf dem Weg nach Los Tanos. Aaron weinte.

Ungeduldig dachte Will: *Warum kann er nich wie Daniel Durham sein?*

Will ritt gen Westen. Beim mächtigen Rising River, der bergab auf das Land der Durhams stürzte, blieb er stehen. Hoch über ihm kreisten Kraniche.

Er legte sein Gewehr an und zielte. Versuchte es ruhig zu halten.

Prüfe dein Leben, hörte er Daniel Durham sagen.

»Dämlicher Dummschwätzer«, sagte er laut.

Der Lauf seines Gewehres beschrieb einen Kreis. Unschlüssig. Schließlich ließ Will die Waffe sinken.

»Zum Teufel«, sagte er. »Lass ich sie leben.«

Er ritt weiter.